KB265714

채지가

채지가

채지가 9편

초판 인쇄일 2010년 11월 15일

초판 발행일 2010년 11월 20일

원저자 용호도사·박종각 외

주해자 이찬구

펴낸이 이환호

펴낸곳 나무의 꿈

등록번호 제10-1812호

주소 서울특별시 마포구 서교동 463-31 플러스빌딩 4층

전화 (02)332-4037 ı **팩스** (02)332-4031

ISBN 978-89-91168-33-6 03250

후천개벽을 준비한 한국인의 원대한 꿈, 그리고 희망의 노래

채지가 9편

주해 이 찬 구

나무의 꿈

1929년의 「무궁화」 예언이 실현된 실례

● 레닌의 공산주의 북풍한설 쓰러지고

☞ 레닌혁명으로부터 70여년후인 1991년 쏘련 공산주의는 붕괴되었다.

● 오사의 독한기운 봄바람에 쓰러진다

☞ 1919년 봄에 일어난 중국의 5·4혁명도 1949년 모택동의 중공군에 의
해 쓰러졌다.

● 문명이고 개명이고 문명지란 이아닌가

☞ 1993년 여름에 『문명의 충돌(The Clash of Civilizations)』이라는 논문을
써 일약 유명해진 미국의 정치학자 '새무얼 헌팅톤'보다 60여년을 앞
서 세계 문명의 대혼란을 보았다.

앞으로 실현될 지축 정립과 각종 예언들

● 천지개벽 몇몇헌고 무궁화 한송이가 (「무궁화」)

☞ 무궁화 꽃이 억만겁을 벗고나와 다시 온 우주 사해에 핀다.

● 내렸다네 내렸다네 천강오형 내렸다네 (「무궁화」)

☞ 부모에게 불효한 자, 백성을 살상한 자, 신명의 노여움을 산 자, 도덕

을 어지럽힌 자, 조상신명에 해악을 진 자 등 5가지 죄를 범하면 하늘의 벌을 받는다.

● **이십사만 육천년에 도통성인 수기로다** (「궁을가」)

☞ 천상에서 수기를 받은 24만 명이 6천 년 만에 도통 성인이 된다.

● **상씨름에 판씨름은 한허리에 달렸으니** (「초당의 봄꿈」)

☞ 천지 주인을 결정하는 마지막 씨름이 한허리(38선 싸움)로 결판난다. 미래 통일한국이 어떻게 세워지느냐에 따라 장차 세계의 주인이 결정된다. 지금까지는 4대강국이 한국을 이끌어갔으나, 앞으로는 한국이 4대강국을 끌고 간다.

● **수조남천 하올적에 수억북지 되는구나**
　북극통개 삼천리오 남해개벽 칠천리라 (「초당의 봄꿈」)

☞ 물이 남쪽 하늘에는 모여들고 북쪽 땅에서는 빠져나간다. 북쪽 빙하가 녹아 내려 남쪽에 물이 넘친다는 암시이다(김일부의 정역) 그래서 한반도는 북쪽으로 삼천리가 열리고, 남쪽으로 칠천리가 열린다고 한다. 어디 이 뿐이랴. 지축이 바로 서고 후천개벽이 열리게 된다. 지축정립이라는 대변혁과 지축정립 이후 한반도가 대륙으로 변한다는 핵심적 계시이다.

● **건곤조화 이노래에 이십사방 정위로다** (「궁을가」)

☞ 역시 지축이 바로서면 24방위가 바뀐다는 계시이다.

서문

『採芝歌(채지가)』는 지초를 캐며 부른 노래라는 뜻이다. 옛날 지초는 不老草(불로초)로 불렸던 영약(靈藥)이다.

『채지가』는 동학교본부에서 발간한 이래 여러 민족종교 교단 및 개인이 인쇄 출판하여 보급하고 있다.

수운교는 1967년에『채지가』라는 이름으로 교인 교화를 위해 발간(필경 인쇄)한 바 있고, 이어 1991년에 수운교 제주도감무원에서 본부의『채지가』에「무궁화」1편을 넣어『무궁화 채지가』라는 이름으로 출판한 바 있다.

필자는 수운교에서 편집하여 발간한 이『채지가』는 다른 종단에도 있기는 하지만, 나름대로 역사성을 가지고 있다고 보아 수운교의 판본을 그대로 인용하였다.

수운교 발행『채지가』는「남조선 뱃노래」「초당의 봄꿈」「달노래」「칠월식과」「남강철교」「춘산노인이야기」「궁을가」등 7편이 함께 실려 있다.

　그런데 「궁을가」라는 제목의 가사는 현재까지 이곳 저곳에 여러 편이 전해오고 있다. 첫 구절이 무슨 말로 시작하느냐에 따라 그 이름을 붙여보면, "대명천지 일월하에……"로 시작하는 「대명천지 궁을가」(이를 '전남대본'이라고도 함)가 있고, "건곤정위 덕합시에……"로 시작하여 '궁궁을을 성도로다'를 후렴으로 부친 「건곤정위 궁을가」(이를 '김주희본'이라고도 함)가 있고, 또 "건곤정위 합덕시에……"로 시작하는 「건곤정위 궁을가」(이를 '경북대본'이리고도 함)가 있다. 반면에 어기에 실린 「궁을기」는 "예의문물 조선국에……"로 시작한다. 그 내용이 수운교만이 소장한 것으로 아주 독창적이다. 지은이를 스스로 용호(龍虎)도사라 밝힌 것도 독특하다. 다른 것은 몰라도 이 「예의문물 궁을가」(이를 '수운교본'이라고 함)는 수운교와 어떤 연관이 있다고 할 수 있다.

　필자는 수운교의 『채지가』 7편을 이 책의 저본(底本)으로 삼고, 여기에 「임하유서」와 「무궁화」를 추가하여 송구스럽게도 『채지가 9편』이라는 이름으로 재편집하여 주해하였다. 이 둘을 추가한 이유는 수운교 초기 교역자인 조용기(趙容驥:1895~1976) 씨의 필첩 속에 들어있는 「임하유서」가 시중에 나와 있는 여러 판본들보다 잘 정리되었다고 판단해서 이를 저본으로 삼아 바른 「임하유서」를 알리기 위해서다. 이 필사본은 현존 「임하유서」와 달리 앞뒤 문맥이 자연스럽고 애매한 문장이 잘 교정되어 있다는 특징을 갖고 있다(예;좌선우선 에 있느니라 글을보고 도통하소→좌선우선 음양이니 궁을(弓乙)보고 도통하소). 이 조용기 필사본은 5년전 부여에 사는 수운교 옥산 선교사 이덕례씨로부터 필자가 직접 전달받은 것이다.

　그리고 맨 끝에 「무궁화」를 실었다. 이 「무궁화」는 1929년 봄에 평안남도 성천군 삼덕면 삼덕리 출신 수운교 교인 방호 박종각(朴鍾珏)이 수운교 도솔천궁에서 3·7일 기도중에 강서(降書)로 받은 것이다. 강서란 하늘의 말씀을 직접 받아 적은 천서(天書)의 하나이다. 집필연대가 확실한 만큼, 20세기초에 나온 각종 예언가사의 완결편이라 해도 과언이 아닐 정도로 완벽한 노래이므로 주저없이 이 책에 실었다. 예언가사들이 중국의 성인과 역사를 구구절절이 나열하여 그 가치를 반감시키고 있는 면이 없지 않으나, 이에 비해 '단기유풍'·'단군천년'을 말한 것은 이 「무궁화」노래가 유일하다. 또 공산주의가 득세했던 당시에 이미 "레닌의 공산주의 북풍한설 쓰러지고"라고 예언하였다. 동시대의 예언가사 중에 공산주의 붕괴를 말한 것도 이 「무궁화」가 유일한 것 같다. 또 오늘날의 서양문명이 가지고 있는 한계를 미리 내다보고 말하기를, "요망한 서양적이 건곤장야 수천 년에 반딧불을 잡아놓고 거소위 도덕이라고 세계에 자랑하니 그아니 가련한가"라고 하여 서양문명의 허구성을 이미 직시하고 있다. 그리고 지축정립 같은 우주대변혁에 대한 경고가 있다. 교단 차원을 넘어 세상에 알려지지 않은 것을 처음으로 공개한다는 의미가 있다.

　20세기 초에 나온 각종 예언가사들은 간혹 같은 구절이 반복해서 등장하는 경우가 있다. 그렇다고 해서 이 가사들을 평가 절하할 필요는 없다. 서양의 경우 신약성서도 복음서마다 중복되어 기술된 것은 마찬가지이다. 이런 것들은 그 시대의 하늘이 이 땅의 백성들에게 바란 공통적인 관심사였다고 이해할 수 있을 것이다. 예컨대, 불효불충(不孝不忠)하는 사람, 난법난도(亂法亂道)하는 사람, 상인해물(傷人害物)하는 사람, 기인취물(欺人取物)하는 사람들에게는 준엄한 경고를 내리고 있다. 특히 "도덕(道德)이 도적되고 정사(政事)가 장사로다"라 하고 "사기취재 일삼는 종교단체 전도직(天盜賊)"이라 하여 도덕, 징치, 종교의 부패를 개탄하고 있다. 종교의 부패는 공공선(보국안민)의 쇠퇴에서 오고, 이는 교단 이기주의를 부추겨 결국 종교타락을 가져오며, 종교간 갈등을 유발한다. 정치도 마찬가지다.

또 후천시대에는 무극대도와 사람이 완성되어 지상에서 선경(仙境) 세상이 이룩된다고 하였고, 동서문명 교체기에 요망한 서양에 대해 질타하는 동시에 개벽을 맞이한 우리 한민족의 미래에는 희망을 전해주고 있다. 또 「궁을가」에 의하면 후천에 천상에서 수기를 받은 도통성인(道通聖人)은 모두 24만 명이라고 밝히고 있다. 그동안 금강산의 정기 받은 도통군자 1만2천 명의 20배에 달한다.

20세기초 한국은 일제의 식민지 지배하에 있었다. 아무런 희망이 없었다. 삼천리 금수강산은 일본 제국주의의 침탈아래 짓밟히며 신음했다. 들불처럼 번진 3·1 독립 운동은 나라는 빼앗겼어도 겨레얼은 결코 죽지 않았음을 만방에 알렸다. 안중근 의사, 이봉창 의사, 윤봉길

의사 등 수많은 독립투사들이 일제에 항거했고, 봉오동과 청산리전투에서 적들을 격퇴하였다. 천도교와 대종교, 청림교, 그리고 임시정부가 국내외에서 나라를 굳건히 지켰다. 그 시기에 민족종교가 아니었다면 한국은 지구상에서 사라지고 말았을 지도 모른다. 그토록 기다렸던 해방. 전국 방방 곡곡은 거리로 쏟아져 나온 인파의 만세 함성으로 뒤덮였다. 그러나 되찾은 조국은 가난과 굶주림의 질곡을 벗어나지 못했다. 설상가상으로 좌우 이념의 대립으로 끝없는 혼란과 혼돈의 연속이었다. 강대국들은 바둑을 두며 조선을 이리 자르고 저리 자르며 칼바람을 즐겼다.

해방이 되어서는 동족끼리 시시비비를 일삼다가 1950년 6·25라는 최악의 전쟁을 맞이했다. 전쟁의 폐허에서 우리는 아무것도 할 수 없었다. 조금 있는 것조차 다 망가졌다. 가진 것이라고 아무것도 없었다. 해외에서는 쓰레기통에서 장미꽃을 찾는 격이라며, 한국을 비아냥했다. 숱한 정치적 사선을 넘어 왔다. 그로부터 60년이 되었다. 2010년 경인년이 다시 왔다. 60년 전인 1950년은 중원갑의 경인년이고, 올해 경인년은 하원갑의 경인년이다. 그 의미가 다르다.

오늘 우리는 세계 10위권의 경제대국이 되었다. 경제가 전부는 아니지만, 우리는 아무도 알 수 없는 일을 해냈다. 민주주의도 발전시키고, 여권신장도 이루고, 복지정책도 정착돼 가고 있다. 60년전 한국인 중에 2010년 한국인의 '위대한 영광'을 예측한 사람은 아무도 없었다. 같은 차원에서 앞으로 30년, 또는 60년 후에 우리 민족이 세계사 속에서 어떤 위치에 있을지에 대해 아무도 말할 수 없다.

그런데 100년 전에 나온 『채지가』는 우리민족의 미래를 위대한 영광으로 이미 예측해 놓았다. 아무도 믿을 수 없는 참으로 황당한 예언들이었다. 그러나 하나하나 착 착 진행되어가고 있다. 단 하나 미결 사항이 있다. "상씨름에 판씨름은 한허리에 달렸으니"(초당의 봄꿈)가 그것이다. 남북으로 분단(한허리)되어 있는 한국이 한판 씨름 끝에 '세계의 주인'으로 등장하는 과정은 진행 중일 뿐 결말이 나지 않았다. 지금으로서는 그 세계의 주인이라는 자리가 어떤 것인지 예측할 수 없나. 경세내국인시, 군사내국인지, 문화내국인지, 징신대국인지 아직은 감이 오지 않는다. 백범 김구는 문화대국을 언급한 바 있다.

그러나 우리 한민족이 지난 60년 동안에 전대미문(前代未聞)의 기적을 이룬 것처럼, 앞으로 60년 동안에는 이보다 더한 기적이 일어날 것으로 생각된다. 아니, 그것의 반인 30년 안에 세계 상등국(上等國)에 오를지도 모른다. 하원갑(1984~2043)내에 이루어질 수 있다. 그러나 문제는 우리 자신의 마음이 준비되어 있느냐는 것이다. 지난 60년은 무조건 '잘 살아야한다'는 일념으로 모든 고통을 감내해왔다. 국민소득도 선진국과 같은 수준의 2만 달러를 넘었다. 그러나 지금은 목표의식이 조금씩 상실되어가고 있다. 개인의 이기적인 안락이 최우선하고, 나라와 겨레에 대한 사랑이 식어가고 있다. 다시 말해 개인에 투자하는 힘에 비해 나라발전에 보태는 힘은 약화되어가고 있는 점이 문제이다. 지금 우리는 나라발전의 힘을 더 모아야한다. 이 정도로 만족해서는 안 된다. 지금까지는 4대강국이 한국을 이끌어갔으나, 앞으로는 한국이 4대강국을 끌고 간다. 그러므로 우리민족은 늘 세계적인 안목으로 인류사를 조망하며 준비해야한다. 오늘날의 미국보다 더 크고 원대한 우주적 미래관을 가져야한다. 20세기 미국의 실패는 우주적 미래관을 갖지 못한데 있다. 20세기 예언가사의 핵심은 '우주관에 입각한 준비하는 미래설계'인 것이다.

그러면 앞으로 우리가 목표로 하는 나라의 미래는 무엇인가?

우리가 가려고 하는 후천의 목표를 한마디로 말하면 '신성(神聖)문명의 건설'이라고 요약할 수 있다. 경제대국, 군사대국, 문화대국, 정신대국의 공통적 지향점은 이 땅에 신성문명국을 건설하는 것이다. 그러기 때문에 하늘도 이 한국 땅을 주시하며, 선지자에게 예언을 내려서 미리 준비하도록 일러주신 것이다. 신성문명국이란 하늘의 천도문화를 이 땅에 구현한 이상(理想)문명을 의미한다. 이 '땅'이란 말은 인간의 주체성을 강조한 뜻이다. 인간의 자각에 의한 주체적인 천도문화가 바로 지상에서 이루어지는 것이 바로 신성문명이라 할 수 있다. 그러한 신성문명 건설의 주체를 「궁을가」는 24만명의 도통성인(道通聖人)이라 부르고 있다. 도통성인들이 이룩한 문명이므로 신성문명이라 할 수 있다. 그런데 일심(一心)을 가진 모든 도인들에게 도통성인의 길은 열려 있다는 것이 이 노래들의 공통점이기도하다.

미력한 필자가 이『채지가 9편』을 편집 주해한 이유는 대략 다음과 같다.

1. 노래말 원문이 비록 한글로 되어 있으나 그 어원이 대부분 경전

이나 고전에 나오는 한자말이기 때문에 일반인이 원문만 읽어서는 그 뜻을 이해하기에 어려움이 많다고 생각했기 때문이다.

　2. 노래말 가운데는 평범한 세상의 이치도 들어있으나, 간혹 난해한 음양오행, 하도낙서, 복희문왕팔괘의 변화원리를 설명한 곳이 있어 일반 독자를 위해 전문적이고 쉬운 설명이 필요하다고 보았다

　3. 시중이나 인터넷에 올라와 있는『채지가』노래들의 해석이 제각각이고, 심지어 자기중심으로 풀이하여 일반인들에게 혼란을 가중시키고 있다고 보아, 모든 사람들이 민족종교인이건 기독교인이건 불교인이건 자기 종교를 떠나 오로지 새 세상의 진리만을 만날 수 있다면 얼마나 좋을까? 하고 바랬다.

　4. 필자는 1983년에『천부경』을 만나 공부하기 시작했고, 1985년 10월부터『주역』을 연구하였다. 그 뒤 1998년에 동학 수운교에 입교하여 동학사상을 전문적으로 연구하였으며, 2007년에 제3의 부도인 상균도(相均圖)와 청황부(青皇符 또는 青皇靈符)를 창안하여 발표하였다. 그런데 평소에는 별 관심도 없던 이『채지가』를 우연히 읽어보니 이미 "푸를 청자 으뜸이라" "목청청(木青青) 청림(青林)"을 말하고 있었으니『채지가』의 가치를 일찍 알지 못한 것에 대한 때늦은 후회가 들었다.

5. 간혹 원로 선배님들께서 비결이니 예언이니 하며 미래사를 언급할 때마다 "때를 아는 것보다 중요한 것은 자신의 수도가 아닌가?"하고 반문하기 일쑤였는데, 이제 보니 때를 알고, 때에 맞게 행동한다는 것이 참으로 중요하고 어렵다는 것을 알았다.

끝으로 필자는 『채지가 9편』을 주해하면서 다음과 같은 원칙으로 집필하였다.

1. 『채지가 9편』은 수운교 소장 『채지가』를 기본 대본으로 삼았으나, 일반적으로 통용되는 문장일 경우 이를 수정하였다. (예; 오색채은 둘렀는데→오색채운 둘렀는데)

2. 어법상 이해가 어려운 말은 현대 맞춤법에 맞게 수정하였으나, 4.4, 4.3조에 맞추기 위해 구태여 띄어쓰기는 하지 않았다. (예; 오난운수 밧자하고→오는운수 받자하고)

3. 한글을 위에 놓고 그 밑에 한자를 넣어 한글과 한자가 한 눈에 보이도록 상하로 엮어 구성하였으며, 어려운 한자는 해석을 붙이고, 그 문장의 전체적인 의미를 그 다음 줄에 붙여 독자의 이해를 도왔다.

4. 원문에 나오는 구절에 대한 보충적 설명이 필요할 경우, 각 노래의 맨 끝에 미주(尾註)를 달아 자세한 해설을 붙였다.

생각건대, 예언가사는 어느 누구도 완전한 해독이 불가능하다고 본다. 준 자와 받은 자 외에는 알 수 없는 것이 예언의 특징이다. 어떤 때는 받은 자도 그것을 다 이해하지 못하는 경우가 있다. 필자도 또한 예외는 아니어서 그 전부를 해명한다는 것은 역부족이며, 단지 한쪽만을 밝히는 것만으로 만족하고 완전한 해명은 다음을 기약하고자 한다. 독자의 이해를 돕기 위해「남조선뱃노래」와「초당의 봄꿈」,「칠월식과」와「남강철교」의 순서를 서로 바꾸어 모두 3부로 나누어 편집하였다. 모름지기『채지가』가 민속종교만의 성전을 넘어 보는 한국의 생활철학서가 되길 바랄 뿐이다. 어려운 가운데 출판을 허락해준 '나무의 꿈' 이환호 사장께 감사드리며, 강호의 제현들에게 감히 질정을 청할 뿐이다.

끝으로 수운교에 입교한 필자에게 과분한 사랑으로 참신앙을 이끌어주신 문태규 고문님, 양원윤 고문님, 변문호 고문님을 비롯한 원로 대덕께 감사를 드리며, 특별히 이 책의 원고 교정을 마칠 즈음에 홀연히 환원하신 문태규 고문님께 생전에 베풀어 주신 학은(學恩)에 깊은 감사를 올린다. 삼가 문불호자님의 도솔지천국 용화지대원 속득성취를 머리 숙여 합장하고 발원드린다.

경인년(4343) 가을에
계룡의 금병산 기슭에서
주해자 병호 이찬구 심고

목차

제1부 뱃놀이

제1부 뱃놀이

一. 초당의 봄꿈

☞

　원본『채지가』의 두 번째에 나오는「초당의 봄꿈」을 필자는 이 책
에서 맨 앞에 실었다. 만사의 시작은 꿈으로부터 시작하기 때문이다.
「초당의 봄꿈」은 제갈량의 고사에서 유래한 말이다. 한반도라는 바둑
판과 한민족이라는 바둑알과 궁궁을을이라는 진리로 한국과 세계의
미래에 대해 설파하고 있다. 일제의 패망이후 세계 4대 강국의 틈바구
니 속에서 우리 한민족이 세상 풍파를 어떻게 극복해 나가는 지를 일
러주고 있으며, 나아가 세계를 무대로 벌어지는 한판 상씨름은 세계의
주인으로 등장하는 한민족의 웅웅장장한 장관이다.

　그러나 이를 성취하기 위해서는 개벽의 사업에 나선 일꾼들의 헌신
과 지혜가 요청된다. 이 개벽의 성업(聖業)은 참으로 실수해서는 안 되
는 절체절명의 대사업이다. 그러므로 하룻밤 눈에 낙엽처럼 떨어지지
말고, 만년백설의 눈보라에도 변하지 않고 꿋꿋한 청송녹죽의 푸를 청
(靑)자를 최고의 덕목으로 삼아 군자로서의 절개를 지켜야하는 것이다.
그리하여 개벽의 대사업에 나선 일꾼들이 성공을 하면 바로 개벽의 군
자로서의 성군자(聖君子)가 되는 것이요, 만백성을 광제창생하는 것이

다. 성군자가 바로 성군자(成君子)이다.

핵심어 : 오선위기, 바둑판, 바둑돌, 상산사호, 단주, 후천운수, 삼십륙궁, 이재
전전, 사정사유, 궁궁을을, 조개, 차돌, 사석사중, 주청림, 어변성룡, 개벽이치,
수조남천, 씨름판, 쌍시름, 녹죽청송, 푸를청자, 군자절개

☯

초당에　기대누어 일장춘몽 깊이들어

草堂 억새나 짚 따위로 지붕을 인 집채　一場春夢 한바탕의 봄꿈
　초당의 봄꿈이라는 말은 이 노래가 미래사를 예시한 것임을 암시

한곳을　다다르니 오선위기 하는구나

五仙圍碁 다섯 신선이 바둑을 둠
　왜 다섯인가? 두 사람은 바둑두는 당사자, 두 사람은 훈수꾼, 나머지
　한사람은 바둑판의 진짜 주인

한노인이 백기들고 한노인은 흑기들고

白碁 흰 바둑돌　　　　　黑碁 검은 바둑돌
　바둑돌은 小石(소석)이니 돌은 艮方(간방) 한국을 상징

한노인은 백기훈수 한노인은 흑기훈수

白碁訓手 편들어 수를 일러줌　　　　黑碁訓手
　흰돌은 미국, 검은돌은 소련, 흰돌 훈수는 일본, 검은돌 훈수는 중국

초한풍진 일어나니 상산사호 아닐런가

楚漢風塵 항우와 유방의 대결　　**商山四皓** 상산에 눈썹이 흰 네 신선
해방과 6·25전쟁의 이념과 군사적 남북 대결을 상징한다

한노인은 누구신고 주인노인 분명하다
　　　　　　　　　　主人老人 한국. 역사가 오랜 민족
주인나라인 한반도에 네나라 손님이 와서 제땅인 양 바둑으로 땅뺏기하는
것이 못마땅한 것이다

주인노인 체면보소 시절풍류 그뿐이라
　　　　　　　　　　　時節風流 때를 기다리머 세월만 보내는

상승상부 경승할 때 양편훈수 못하고서
相勝相負 서로 승부를 겨룰 때　**競勝** 서로 이기려 경쟁함
兩便訓手 양쪽에 끼어들어 이기라고 수를 가르쳐줌

친가유무 공궤할 때 손님접대 할뿐이네
親家有無 친한 정도에 따라　**供饋** 손님 대접

수는점점 높아가고 밤은점점 깊어간다
數 바둑의 수, 생사의 묘수　　밤: 선천의 마지막 밤

원촌에　　닭이우니 태금성이 비쳤구나
遠村 먼 마을　　　　　　　**太金星** 금성, 태백성 또는 태극성
닭이 울면 새벽이 오듯이 후천의 때가 가까이 왔다는 뜻

개가짖고 날이새니 각자귀가 하는구나
犬 개는 간방의 한국상징　　**各自歸家** 새날이 밝자 제각기 돌아감
문왕팔괘에서 간방[개]은 동북쪽이니 동북아시아에 있는 한국 상징

주인노인 거동보소 일장춘몽 깨어보니

一場春夢 한바탕의 봄꿈. 헛된 영화나 덧없는 일

상산사호 네노인은 저갈대로 다가고서

　훈수보던 네 노인은 때가 되니 제 집으로 돌아가고 주인만 남는다

바둑판과 바둑돌은 주인차지 되었구나

바둑판: 나무로 동방, 한국을 상징.　바둑돌: 간방 한국을 상징

　네 손님은 돌아가고, 주인이 모든 싸움을 청산한다

요지자는 단주로서 바둑판을 받을적에

堯之子　　　　　丹朱 요임금의 아들인 단주

　단주는 아버지 요임금으로부터 왕위 대신 바둑판을 받았다. 단주는

　요임금과 정치노선이 달라 부자간에 갈등이 심했다

후천운수 열렸으니 해원시대 기다려라

後天運數 선천이 끝난 개벽운수　　解冤時代 선천의 묵은 원혼을 품

　단주에게 요임금이 바둑판을 줄 때 후천운을 기다리라 했지만,

　어찌 그 깊은 뜻을 알았겠느냐. 후천운수란 단주가 해원받는 때를 말한다

정녕분부 그러하나 그이치를 뉘알소냐

丁寧 정녕코, 틀림없이　分付 윗사람의 명령

오만년의 운수로서 그아니　　장할시구

五萬年

　선천의 운수가 5만년이듯이, 후천의 운수가 또한 5만년이다

순장점을 세어보니 내팔접이 되었구나

巡將點 궁궐을 지키는 순장을 비유한 바둑　八點 내팔8개, 외팔8개씩 배열
　앞에서는 단주의 바둑판을 예로 들고, 여기서는 조선식 바둑판을
　예로든다

내팔점　　그가운데　태을점이　중궁이라
太乙點 중앙1점　中宮 세계의 중심
　중궁은 바둑판의 중앙인 천원(天元)자리, 그 중앙을 어복(魚腹)이라　한다

외순장을　들러보니　십육토가　되었구나
外巡將 바깥을 지키는 순장　　十六土 내외 흑백이 8점씩 16점

삼십삼점　매화점은　태극이치　붙어있네
梅花點 매화를 그려넣은 화점
　16점이 중궁을 중심으로 둘이 마주보며 돌아가는 모습이 33점 태극의
　동정(움직이고 고요함)과 같다

삼십육궁　되었으니　도시춘이　이아닌가
三十六宮 우주의 전체를 상징　　都是春 온 세상, 우주세계 모두가 봄이다
　소강절이 말한 개벽의 새 세상을 상징, 36궁은 도솔천을 의미함

삼백육십　일점중에　오십토가　용사하네
三百六十　　一點 360점과 중앙1점　五十土 중앙1점이 5와 10상징
　바둑판 집은 361점이 펼치는 우주운동이 태극운동임을 상징한다

무극운이　용사하니　불천불역　되리로다
無極運 중앙 토운10수　用事　　不遷不易 옮기지도 바뀌지도 않음
　10수는 무극의 완성수, 십승지(十勝地)이니 매화점은 바뀌지 않는다

정정자로 성궁하니 이재석정 이아닌가

井井字 우물(井)은 바둑판의 집을 상징 成宮 바둑에서 집을 이루는 것

利在石井 이로움이 석정에 있음. 석정은 영원히 마르지 않는 우물

  석정은 완성의 우물, 진리의 샘물이며, 井은 낙서 9수를 상징

전전자로 성궁하니 이재전전 이아닌가

田田字 바둑판안의 집을 상징, 5口에 5口를 더해 10토

利在田田 이로움이 田에 있음

井이 9수, 그 井안에 있는 田은 중앙을 뜻하며, 10수를 상징

  田에는 밖에 큰 입 1개, 안에 작은 입이 4개로 모두 5개씩, 이것이

  두개이니 10개. 田田은 생명의 밭, 영원히 변치 않는 10수 진리의 밭,

  井井이나 田田은 역수(易數)의 진리를 말한 것. 이재전전은 『정감록』의

  핵심

십십교통 되었으니 사정사유 분명하다

十十交通 十형 + X형=＊8방 四正은 동, 서, 남, 북의 4정방

四維는 동남, 동북, 서남, 서북의 네 모퉁이 방

  그래서 열 십자를 두 번 그린 것이 십십교통으로 비로소 8방의 천지

  방위가 정해진다. 바둑판의 열 十은 가로 세로 19줄씩 교차하는 음줄과

  양줄이 만나는 곳이 바로 바둑의 '집자리'(+)이고, 넷으로 둘러싸면 한

  집(◈)이 되고, 바둑은 두집이 되어야 산다

이재궁궁 뉘알소냐 궁궁을을 좋을시구

利在弓弓 이로움이 궁궁에 있다. 양궁(◖+◗)을 서로 합하면 한집(◈).

弓弓乙乙 바둑은 두집이 되어야 살아나므로 궁궁의 한집에 을을을 더해 비로소 두

집(◈◈)이 된다. 두집이란 천-지와 음양의 둘 사이를 말한다.

  궁궁을을은 天弓과 地乙의 두집이며, 이 두집이 떨어진 것이 아니라

하나로 소통하는 두집인 것이다. 궁궁은 하늘과 양, 을을은 땅과 음,
궁궁을을은 하늘 땅의 두집이 하나로 만나 합일한 것을 뜻한다

생사문을 열어놓고 승부판단 하올적에

生死門 바둑이 끝나 생사를 심판   勝負判斷 생사에 관한 심판
　마지막 진짜 주인이 등장하여 살고 죽는 승부를 가린다

조개는　백기되고 차돌은　흑기된다

白碁 해기운 받은 돌   黑碁 달기운 받은 돌
　양은 음이 되고(陽變陰), 음은 양이 된다(陰變陽)

정지변에 마주앉아 천하통정 하였으니

井之邊 우물가에서 조개와 차돌로   天下通情 음양의 만남
　우물가에서 조개(음)와 차돌(양)이 서로　천지가 교제를 한다. 땅은 양이
되어 위로 가고, 하늘은 음이 되어 밑으로 내려오며, 이때 둘은 서로 정을
통한다

너도한점 나도한점 허허실실 뉘가알고

虛虛實實 허를 찌르고 실을 거둠
　허와 실로 음양을 서로 주고받으니 아무도 숨은 이치를 알 수 없다

초한건곤 풍진중에 진위진가 뉘알소냐

楚漢乾坤 천하를 놓고 항우와 유방이 싸움   眞僞眞假 참과 거짓
　막상막하의 싸움에서는 그 참과 거짓을 가리기 힘들다

한신진평 그때로서 현우우열 몰라서라

韓信 陳平 유방을 도운 신하들   賢愚優劣 잘나고 못남
　한신과 진평은 본래 항우 밑에 있을 때 실력을 인정받지 못했다가

유방에게 와서 큰 공을 세웠다. 전쟁이 끝나봐야 장수의 참된 실력을 알
수 있다

조개이치 어떠한고 월수궁에 정기받아

月水宮 음의 근원인 달의 궁전
조개는 달의 기운에 따라 열고 닫는다. 음양의 이치가 뚜렷하다

오십토로 개합하니 양중유음 되었구나

五十土 무극신　開闔 열고 닫음　陽中有陰 양중에 있는 음
조개는 5일, 10일마다 열고 닫는다. 조개는 후천 음을 상징한다

어자는　생선이라 생선복중 열장이라

魚者 물고기　生鮮 물속에 사는 고기　生鮮腹中 생선의 뱃속
裂腸 창자가 찢어짐(바꿔짐).
바둑판의 가운데를 어복(魚腹)이라 하니 중앙의 기운이 바뀔 때, 창자가
환장(換腸 바꿔짐)하는 것이다

생문방을 들어가니 중앙열선 분명하다

生門方 죽지 않는 곳　　　中央十線 중앙 10수, 완성수
과연 중앙에는 어떤 완성수가 들어오는가. 현행 5·10토가 바뀌는가

차돌은　바돌이니 동해지　정석이라

차돌은 음에서 나온 양, 바돌은 바둑의 사투리말　東海之定席 동해에 정한 자리
차돌이 바람을 타면 백리를 가니 동쪽으로 가서 자리를 정한다

호구중에 가지말고 사석사중 되었구나

虎口 호랑이 입.　　　　　四石四中 네 돌의 가운데에 들어가는 것.
백호 호랑이는 서쪽이니, 서쪽에 가면 죽는 것과 같다. 역학적으로 호구는

서양 또는 미국을 상징

사석사중 가지마라 가는날이 고만일세

四石四中 바둑은 돌 네 개에 둘러싸이면 '죽는다'고 말한다

삼십육회 대발하여 자작사당 하는구나

三十六會　　　　大發 크게 일으킴　自作死黨 스스로 죽을 무리를 짓는 것

개벽의 교체기인 36년 동안에 잘못 대발하면 죽음의 무리에 빠진다. 지난
일제 36년도 그런 예이다

남에남천 비가개니 황학백학 모여들때

南　　南天 남쪽 하늘　　　　黃鶴白鶴 황은 토기운, 백은 금기운

남쪽 하늘에 비가 개니 더욱 밝다. 후천으로 넘어갈 때는 토와 금이 힘을
합해야한다. 학은 신선을 상징

갈까마귀야 갈까마귀야 어이그리　철도몰라

갈까마귀: 검은 색 까마귀.

가을 후천이 오는 것도 모르는 검은 마음에 물든 철부지를 상징

고각서풍 날아드니 도수보던 옛터이라

古閣西風 옛집에 서풍이 몰아치니　度數 천지의 운행도수

해상명월 어데두고 마른우물 찾아가노

海上明月 바다위의 밝은 달.　마른 우물: 옛 우물

후천의 밝은 달기운 받은 새 물을 찾아야 산다

용담춘수 맑은물에 어변성룡 하였으니

龍潭春水 동학의 새 봄물　　　魚變成龍 고기가 변해 용이 됨

하찮은 고기를 용으로 변화시키는 힘이 있는 진리가 참 진리다

당나귀야 노당나귀야 너의꾀를 내가안다

당나귀: 말(午)의 사촌. 용이 되지 못한 꾀많은 가짜 선지자

네아무리 그러한들 천운을 어길소냐

天運 하늘의 운수

가을로 넘어 가는 하추 교역하는 하늘의 운을 누가 어기겠느냐

어미잃은 어린아이 유인하여 몰아다가

어미: 진리의 안내자　　　誘引 꾀어 냄

갈길을 헤매는 중생을 꾀어 미혹에 빠지게하는 도적(道賊)군자

저의운수 망쳐노니 한심하고 가련하다

남을 잘못 유인하면 자기 운수도 망치고 만다

반구재수 알련마는 어이그리 철도몰라

反求再修 자기를 돌이켜 구해 반성하여 다시 닦음

이십구일 찾아가서 주청림을 하였어라

二十九日 그믐날, 小月　　　　走靑林 청림에 달려간다

그믐날 어두운 밤에 청림도사는 어디에 계신가?

달릴 주(走)는 한자의 부수로 급한 모양을 상징. 청림은 용화수 또는

용화전을 상징

개명장　나오는날에 너의죄를 어이할고

開明將 후천을 여는 지도자　　　　　罪 잘못 가르친 죄

믿지마라 믿지마라 선천비결 믿지마라
先天秘訣 먼저 나온 비결들
후천을 바로 알리는 후천비결을 믿어야지, 혹세무민하는 선천비결은 믿을
것이 못된다

선천비결 믿다가는 귀지허사 되리로다
歸之虛事 헛일이 되고 만다

대성인의 행이려가 천지도수 바꿨으니
大聖人　　　行　　　　　天地度數 후천의 새로운 천지의 도수
오전에서 오후로, 양에서 음으로, 토기운에서 목기운으로 바꾼 이치

귀신도　　　난측커든 사람이야 어찌알랴
鬼神　　　難測 헤아리기 어려움
후천의 도수를 바꾸어 천지가 새롭게 운행하는 것을 귀신도 모른다

아무리　　　안다해도 도인외에 뉘알소냐
道人 참된 도에 들어온 사람

용렬터라 용렬터라 저사람　　용렬터라
庸劣 못생기고 어리석음

공맹자를 배운다고 외면수습 하는사람
孔孟子 공자 맹자　　　　　外面收拾 겉으로만 수습하는
공자 맹자만 알고 바뀐 하늘을 모르고 겉으로만 아는 척하는 사람

점잖은체 해쌌더니 양반이　　다 무엇인가
참 진리를 외면한 체 점잖은 척 양반 행세만 하고 있으면 무엇하는가

후천에는 진리찾은 사람이 곧 진정한 양반이다

실지공부 모르고서 말로하면 될가보냐

實地工夫 말로 하는 것이 아닌 몸으로 마음으로 땀 흘리는 공부

캄캄칠야 어둔밤에 등불없이 가는모양

漆夜 검은 밤   등불: 진리의 안내자

저혼자   잘난듯이 성현군자 혼자로다

聖賢君子

자기 혼자 온갖 진리를 다 아는 듯이 교만한 모양. 사람은 조금 알면
교만해지고, 교만해지면 게을러진다. 이 또한 도적(道賊)군자다

이리하면 정도되고 저리하면 이단이지

正道 바른 길   異端 비뚤은 길

바로 알지 못하는 자가 도리어 정도다, 이단이다 시시비비를 잘함

빈중빈중 말을하니 아니꼽고 더럽더라

빈중(빈정)거리다: 은근히 비웃고 놀리다

도적(道賊)군자의 하는 말이 진리에서 보면 참으로 더럽다는 말

코를들고 대할라니 냄새나서 못할러라

선천의 묵은 진리가 참진리인양 사람을 속인 것이 냄새가 날 지경

선천운수 지나가고 후천운수 돌아올때

先天運數   后天運數

하루를 오전과 오후로 나누면 오전은 선천, 오후는 후천이 되고 봄여름은
선천, 가을겨울은 후천. 하늘시대는 선천, 땅 시대는 후천. 양이 음을

이끌어가면 선천, 음이 양을 이끌어가면 후천. 선천은 양의 시대
남성시대, 후천은 음의 시대 여성시대. 선천은 5로 마감하고, 후천은
6으로 시작한다. 후(后)는 6획

대명일월 밝은날에 다시한번 대해보자

大明日月 일월이 아주 밝음

성문부자 일부자는 자세자세 일렀으니

聖門夫子　　　一夫子 정역을 창안한 김일부 선생

개벽이치 불원함은 대성인의 행위로다

開闢理致　　　不遠 멀지않음　大聖人　　　行爲

수조남천 하올적에 수석북지 되는구나

水潮南天 물이 남쪽하늘에 모여들고　水汐北地 물이 북쪽땅에서 빠짐

　김일부의 『정역』(1885년 지음)에 나오는 구절이므로 이 책이 19세기 말
　이후에 나왔다는 증거이다. 남쪽, 북쪽 빙하가 녹아내린다는 암시이다.
　김탄허는 이 말을 지축정립의 시발점으로 해석하였다

북극통개 삼천리오 남해개벽 칠천리라

北極洞開　　　三千里　　　南海開闢　　　七千里

　북쪽으로 삼천리가 열리고, 남쪽으로 칠천리가 열린다. 후천개벽이후
　한반도와 세계의 육지와 바다가 크게 달라진다. 기후온난화로 남북
　빙하가 급속하게 녹아내려 지구가 대변혁을 한다

동해남천 바라보니 수극화가 되었구나

東海南天 동해의 남쪽하늘　　　水克火 물이 불을 이겨 성한 것

　북극빙하가 녹아 동해 남해바다가 넘치니 물의 기운이 넘치고 불은

약해진다. 선천에는 수기(水氣)가 말랐으나 후천에는 수기가 돈다

풍파가　　절업하니　억조창생　어찌할고
風波 바람과 물결　切嚴 지엄함　億兆蒼生 많은 백성
　물이 넘치면 바다 바람이 극성해진다. 바람은 목(木), 수생목한다

너의창생　건져줄때　이리해도　비방할까

괴이하다　괴이하다　금세풍속　괴이하다
怪異 이상야릇한　　　　　　今世風俗 오늘날의 풍속

삼강오륜　변타한들　이러하기　허무하다
三綱五倫 세 버리와 다섯 윤리

이팔청춘　소년들아　허송세월　부디마라
二八靑春 2×8=16살　　　　虛送歲月 쓸데없이 세월을 보냄

과학인지　문학인지　금세풍속　괴이하다
科學　　　　文學　　　今世風俗　　　怪異

하날쓰고　도리도리　마음대로　뛰어논다
　　　　　道理道理 머리를 좌우로 돌리는 모양
　하늘을 팔아 도리와 도덕을 제멋대로 떠벌이는 모양

효제충신　다버리고　신식개명　말을하네
孝悌忠信 효도 우애 충성 믿음　新式開明 서양식 발달한 문화
　효제충신을 버리는 것이 서양의 신식 개명 문화로 착각함

똑똑하고　잘난체로　주제넘게　배웠던가

주제넘게: 자기분수를 모름

미신타파 한다하고 천지신명 무시하네

迷信打破 전통을 비과학적이라 매도 天地神明 천지의 신령

  서양의 문화가 아닌 것은 미신으로 취급하여 천지의 신명까지도 탄압한
  일. 동양의 전통에 대한 서양의 중대한 도전에 대한 항의

저의부모 몰랐으니 남의부모 어이알리

저의선령 다버리고 남의조상 어이알리

        先靈 조상 영혼

더벅머리 홀태바지 비틀거려 걷는양은

        홀태바지: 서양식 의복인 홀개바지(통이 매우 좁은 바지)

서양문명 이러한가 동양문명 이러한가

고래의관 보게되면 손질하고 욕을한다

古來衣冠 예로부터 전해오는 의관, 전통적인 의복

  서양문명이 동양의 전통문명을 비하하는 것

고래유풍 전한법을 본보기는 고사하고

古來遺風 예로부터 전해오는 풍속

숙맥같고 미신같다 저희끼리 공론하네

菽麥 콩과 보리를 구별 못하는 어리석음   公論 여럿이 의론함

원수의   왜적놈을 저의조상 위하듯이

        倭敵 동학은 일본을 '개같은 왜적놈'이라 칭함

일제가 잠시 서방 금기운으로 한국을 침략한 것인데 왜적의 조상을
우리조상 위하듯이 아첨하는 행위

원수왜적 말을하고 저의고기 제가먹고

왜적의 말을 듣고 따르는 것은 자기가 자기 살을 베어 먹는 것과 같은
어리석음. 이글이 일제의 탄압이 극심하던 1910년대와 20년대 사이에
쓰여졌다는 것을 짐작할 수 있다

저의피를 제가먹고 못할일이 전혀없네

왜적에 충성하기위해 무엇이든지 혈안이 되어 앞장서는 안타까운 모양.
자기 동족의 피를 흘리게 하는 것은 자기 피를 흘리게 하는 것

참왜는   고사하고 토왜가   무섭더라

참왜: 일본사람 또는 일본 순사   土倭 일본 앞잡이하는 조선사람
일본 순사보다도 그들의 앞잡이하는 조선인 순사가 더 무섭고 지독했다.
그렇지 않으면 일본순사로부터 인정을 못받기 때문이다

왜놈에게 충신되면 그충신이 장구할까

忠臣   長久 매우 길고 오램

동해부상 돋은해가 신유방에 넘어간다

東海扶桑 해뜨는 뽕나무 해: 일본 상징 申酉方 서쪽 오후5시방향
일본은 갑신, 을유년에 패망한다는 예언이 해방이전부터 나왔다.
부상은 해가 뜨는 동쪽 바다 속 상상의 나무, 뽕나무. 神木

칠칠야   닭이우니 너의얼굴 다시보자

七七夜 7월7석(8월15일) 을유년1945년에 닭띠해에 해방
七七三五也 음력 7월7일, 3+5=8월, 3×5=15, 양력 8월15일

일모태궁 하였으니 삼십육궁 비쳤던가

日暮兌宮 해가 서쪽에 들어감　　三十六宮 우주를 상징

　해가 저물어 서방(태궁)에 넘어가는 것. 일제가 패망은 하였으나 또 그
서쪽(서양)에서 새로운 백호 금기운이 들어온다

슬기는　　나중나고 미련은　　먼저난다

　　　　　　　　　　米聯 미국과 소련이 먼저온다는 암시

　'미련은 먼저나고 슬기는 나중난다'는 속담이 있다

우리강산 삼천리에 씨름판이 벌어졌네

　해방, 6·25로부터　정치의 이념 전쟁과 도판의 종교 대결이 시작

천지씨름 상씨름에 대판씨름 넘어간다

上씨름: 천지의 주인을 결정하는 마지막 결승씨름
大판씨름: 선천판에서 후천판으로 넘어가는 판씨름

　후천으로 넘어가는 선천을 이겨야 새 후천으로 판이 바뀐다. 천지의
주인은 정치와 종교를 다 이기는 승리자에게 넘어간다

아기씨름 지난후에 총각씨름 되는구나

　씨름은 아기씨름, 총각씨름, 상씨름의 삼세판으로 결판난다. 아기씨름 제1
차, 총각씨름은 제2차 세계 전쟁, 상씨름은 미래의 마지막 싸움

판씨름에 넘어가니 비교씨름 되었구나

넘어가니: 선천에서 후천으로 판이 넘어간다.　比較씨름: 남북의 힘겨루기

　선천에서 후천으로 판이 넘어가니 남북이 서로 힘을 저울질하며 샅바를
잡고 있다

상씨름에 판씨름은 한허리에 달렸으니

천지 주인를 결정하는 상씨름, 후천판씨름이 한허리(남북의 38선 싸움)로
결판난다. 미래 통일한국의 주인공이 세계도 이끌게 된다. 지금은
4대강국이 멋대로 한국과 세계를 이끌어갔으나, 앞으로 한국이 세계를
이끌고 간다. 마지막 씨름은 천지전쟁으로 마무리 된다

술고기나 많이먹고 뒷전에서 잠만잔다

참 주인은 뒷전(田) 즉 숨은 밭에서 실력을 기르고 있다가 때가되면
혜성처럼 등장한다

숙살기운 일어날 때 일야상설 가외로다

肅殺氣運 가을에 죽이는 기운　　一夜霜雪 하루밤 서리눈　可畏

세상을 심판하고 선악을 가리는 숙살기운은 하룻밤 눈 깜짝할 사이에
내리니 가히 두렵지 않은가

숙살기운 받는사람 가는날이 하직이라

下直 이별

숙살은 '엄숙한 죽임'이다. 인간적으로는 애통하지만 천도의 떳떳한
기운이니 어찌할 수 없다

혈기있는 저사람아 허화난동 조심하소

血氣　　　　　　　　虛火亂動 눈에 보이지 않는 불이 날뜀

척신난동 되었으니 척신받아 넘어간다

慼神亂動 척신의 난동　　慼神 원한 맺혀 죽은 신

남북풍이 일어나니 만국성진 되었구나

南北風 남북 또는 지구축.　　　萬國腥塵 만국에 이는 많은 먼지
　남북에 부는 바람은 변화를 추구하는 숙살의 바람이다

일야상설 하실적에 만수낙엽 다지내고

一夜霜雪 하룻밤 서리와 눈　　　萬樹落葉 많은 나무가 잎이 떨어진다
　선천의 묵은 사회, 상극문명, 악질문화가 하루아침에 갑자기 떨어진다.
　그 다음에 후천의 새싹이 나온다

만년백설 쌓일적에 녹죽청송 푸를청자

萬年白雪 후천에 내린 흰눈　　　綠竹靑松 푸른 대나무와 소나무
　만년 백설 강산에도 대나무, 소나무는 푸르름(靑)을 변치않고 새세상을
　맞이한다

사시장춘 불변하니 군자절개 제일일세

四時長春 어느 때나 늘 봄 같음　君子節槪 개벽을 맡은 군자의 절개
　군자는 대나무 소나무의 변치않는 절개를 본받는다. 푸를 청이 후천에
　만년가듯이 개벽의 큰 임무를 맡은 성군자(聖君子)의 절개가 그러하다

황홍흑백 오색중에 푸를청자 으뜸이라

黃紅黑白　　　五色　　　　　　　青 오행중에 나무의 푸름이 제일
　나무가 오행의 중앙이 되므로 청(靑)이 황극(皇極)이 된다

불로불사 오만년에 만년불변 일색일세

不老不死　　　五萬年　　　萬年不變　　　一色
　후천 5만년에 만년토록 변치 않는 것은 청색, 동방의 목기운이다.
　목기운에 바탕한 진리는 후천 5만년 동안 바뀌지 않는다

삼춘삼하 번성시에 만물번성 일시로다

三春三夏 봄 세달, 여름 세달　　萬物繁盛　　　一時 한때

주문도리 부귀화는 도홍이백 장관이오

朱門桃李 부자집의 복숭아 오얏꽃　富貴華 부귀를 상징하는 꽃
桃紅李白 壯觀 복숭아꽃 붉고 오얏꽃 흰것이 아름답고 훌륭함

방화수류 과전천은 유객풍류 장관이오

傍花隨柳 꽃은 길가 버들따라　過前川 시내를 흘러감은
遊客風流 壯觀 풍류객의 장관이요

녹음방초 성하시는 등산유객 장관이오

綠陰芳草 푸른 나무 우거진 숲과 향기 풀　盛夏時 한창 여름때
登山遊客 壯觀 등산객의 장관이요

황국단풍 늦은때는 시객소인 장관이오

黃菊丹楓 누런 국화 붉은 단풍
詩客消人 壯觀 시짓는 사람의 장관이요

이때저때 다지내고 백설강산 되었으니

결실의 가을 때를 허송세월하고　白雪江山 흰눈 덮힌 강산
　후천 맞을 준비를 하지않고 놀고먹다가 하루아침에 눈이 내리네

만수번음 풍류속에 자랑하던 부귀화는

萬樹蕃陰 우거진 숲　風流　　　　　　　富貴華
　복숭아꽃 오얏꽃은 후천의 부귀를 상징한다

편시춘몽 되었으니 석화광음 그뿐일세

片時春夢 한때 봄꿈　　　　夕花光陰 저녁에 피는 꽃같이 잠깐사이

뛰고놀던 저사람아 이리될줄 뉘가알고

독조한강 백설중에 지난고생 생각난다
獨釣寒江　　　白雪中 강태공이 눈오는 추운 때 홀로 낚시함
　강태공처럼 새세상을 기다리던 것과 같은 고생으로 한 사람이라도 더
　건져보려고 애쓰던 일이 생각난다

매몰하다 저사람은 어이그리 매몰한고
매몰: 매정한 것

같이가자 맹세하기 진정토설 하였더니
　　　　　　　　　眞情吐說 진정으로 사실을 밝힘
　후천에 같이가자 맹세하기에　진심을 다 털어놓고 아낌없이 주었건만
　상대는 내 마음만 빼앗아가고 자기마음은 도리어 문을 닫는다. 포덕할 때
　이런 일로 많은 사람이 곤경에 빠지고 상처를 입는다

은근하게 귀에대고 남의심정 빼어보네
　진심으로 경청하는 것같이 하며 남의 마음 들춰보네

그말저말 곧이듣고 툭툭털어 토설하니
　그사람 말을 곧이듣고 그대로 다 일러주니

소위추리 한다하고 생각나니 그뿐이라
所謂 推理 이치를 추리한다는 것이 고작 그 뿐이다.
　의심이 많아 남의 진심을 외면하고 자기 멋대로 추리하는 것

속마음　　달랐던가 이제보니 초월일네

楚越 초나라와 월나라, 남남사이

상대방을 구제하려고 진심을 다해 일러주었건만 이제보니 속으로는
딴마음을 가진 사람. 한 사람이라도 더 살리려 도를 전했건만 이제 보니
남남이구나

두눈이   말똥말똥 아니속고 저잘난체

말똥말똥: 눈빛이 생기있는 모양.

남의 말을 받아드리지 않고, 믿지 않음, 남의 가르침을 받아드리는 것을
속는 것으로 오해하고, 도리어 도를 전해 준 사람을 설득하듯이 잘난
체한다. 적반하장격이다

아무리   유인해도 내가정말 속을소냐

誘引

아무리 설득을 시키려해도 설득당하면 속는 것으로 착각함. 운수는
가까이오고 기회는 잠깐이건만 자기 고정관념이 병이 되어 남의 진실을
받아드리지 않고, 자기가 도리어 잘난 체 으스댐

한푼두푼 모았다가 살림살이 모아보지

한푼두푼 모아 나 살아갈 궁리나 잘하지

쓸데없이 쓰는돈은 술고기나 먹고보지

쓸데없이 돈을 쓸 바에는 그 돈으로 내 술이나 먹지. 자기 술값은
아까워하지 않고 진리를 위하는 돈은 아까워한다. 도둑맞을 돈은 있어도
남 도와줄 돈은 없다는 속담이 있다

이리촌탁 저리촌탁 생각나니 그뿐이라

忖度 헤아림

이리 헤아려보고 저리 헤아려보지만 자기욕심에 눈이 가린다

저사람   용렬하다 욕심은   앞을서고
　　　　庸劣 재주가 남보다 못함

성심은   뒤를서서 듣고보니 그러할듯
誠心

헛일삼아 종사해서 다행이나 어떠할가
　　　　從事 어떤 일에 마음을 다함
　헛일삼아 따라갔다가 요행히 좋은 일이 생기면 어떨까 생각해서

탁명이나 하여놓고 좋은소식 엿들을제
託名 이름이나 맡겨놓고 실지로 일은 하지 않는 것
　이름만 걸어놓고 요행이나 바라면서 기회만 엿보며 운수나 기다림

이달이나 저달이나 앉아한몫 바랐더니
　개벽이 이때나 올까 저때나 올까 손에 흙 하나 묻히지 않고 앉아서 공짜로
　한몫 챙길 것이나 바랐더니

이러할줄 알았다면 나도역시 한몫할걸
　막상 때가 되니 땀흘린 공덕이 없는자는 뒤로 밀려나니, 눈치보며 그때
　한몫 못한 것이 후회스럽다. 성심으로 믿고 땀흘린 자가 자기 몫을 바르게
　차지할 수 있다

후회한들 소용없고 한탄한들 소용없다 ☯
　후천 개벽의 때를 놓치고 후회하고 한탄한 들 무슨 소용 있겠는가? 저마다
　개벽의 일꾼을 자처하지만 나중에는 스승의 얼굴보기가 민망해진다. 자기
　때를 남이 만들어주는 법은 없다. 자기 때는 자기가 만들어가는 것이

하늘의 법칙이다. 천도에는 요행이 존재하지 않는다. 요행을 가져다주는 것이 천도라면 그것은 이미 거짓이다. 그러므로 천도의 하날님 법칙에 따라 성경신을 다해야 한다

주1) 초당 :

제갈량이 남양의 초당(草堂)에 은거할 때에 유비가 세 번이나 찾아 왔다. 이 때에 제갈량이 봄잠을 다 자고 나서 읊은 시가 있다.

大夢誰先覺 (대몽수선각)

큰 꿈을 누가 먼저 깨치는가

平生我自知 (평생아자지)

평생 나만 스스로 알 뿐이네

草堂春睡足 (초당춘수족)

초당에 봄잠이 넉넉한데

窓外日遲遲 (창외일지지)

창밖의 해는 더디어 길구나

주2) 바둑판 :

이 바둑판 훈수 이야기는 「춘향가」에도 등장한다. "정결한 이간방의 영창으로 칸을 막고 열선도(列仙圖)를 붙였구나. 한 편을 바라보니 상산사호(商山四皓: 秦末 난리를 피해 상산에 숨어 지냈다는 4명의 신선) 네 노인 바둑판을 앞에 놓고 일점 이 점 놓아갈 제 어떤 노인은 학창의 입고 윤건(輪巾) 쓰고 백기(白棋)를 손에 들 고 또 어떤 노인은 갈건야복(葛巾野服)의 흑기(黑棋) 들고 하도낙서법(河圖洛書法) 을 찾아 놓아갈제 그 옆의 어떤 노인 훈수하다가 무렴을 보고 요만허고 앉었 구나"

주3) 소위추리(所謂 推理) :

『용담유사』「흥비가」에 있는 말. 본래 스승의 말은 듣지 않고 자기고집만 부리고 자기 생각으로 잘난 체 시비를 추리하는 것을 비유한 것.

주4) 칠칠야(七七夜) :

홍암 나철 선생은 1915년에 조계칠칠(鳥鷄七七) 일낙동천(日落東天)이라고 했다. 즉 닭이 우는 7월 7일(양력 8월 15일)에 일본이 망한다고 예언한 것이다.

주5) 녹음방초(綠陰芳草) :

중국 왕안석의 싯 구절에는 녹음유초 승화시(綠陰幽草 勝花時)라 했다. 이는 우거진 숲과 짙은 풀을 오히려 꽃피는 봄보다 낫게 여긴다는 뜻이다.

주6) 독조 :

유종원의 「江雪」이라는 시에 "천 산에 새 날지 않고, 만 길에 사람 발자취 없네. 외로운 배엔 도롱 삿갓 쓴 노인(강태공)이 홀로 눈 내리는 추운 강에서 낚시질하네(獨釣寒江白雪中)" 라 하였다. 천 산에 새 날지 않는다(千山鳥飛絶)는 구절에 대해 수운 선생은 "만리에 흰 눈이 어지럽게 휘날림이여, 천산에 돌아가는 새 날아감이 끊어졌네(千山歸鳥飛飛絶:화결시)"라고 읊었다. 80년 고생 끝에 강태공은 문왕을 도와 주나라를 세웠고, 그래서 벼슬을 얻는 출세를 하였는데, 그 이전에 지긋지긋하게 고생했던 아내는 도망갔다가 훗날 출세했다는 강태공을 다시 찾아 왔으나, 강태공은 자기 아내를 거절하고 돌려보냈다. 그때 강태공은 물동이를 쏟아놓고 본래대로 물을 담아 보라고 했다. 엎질러진 물을 쓸어 담을 수 없는 것처럼 세월을 과거로 되돌릴 수도, 또 잘못을 용서할 수도 없음을 비유적으로 충고했던 것이다.

주7) 탁명(託名) :

성심껏 믿지는 않고 이름이나 걸어 놓고 도인인 척 행세 하다가 요행만을 바라는 짓. (『용담유사』「흥비가」에 있는 말)

주8) 이재전전(利在田田) :

전전(田田)은 생명의 밭이며, 역수(易數)의 수리(數理) 차원을 말한 것이다. 낙서의 정전도에서 나온 것이다. 이를 비결로 풀이하면, 눈에 보이는 밭, 눈에 보이지 않는 밭. 눈에 보이는 밭은 지명[大田]이고, 눈에 보이지 않는 밭은 각자의 마음 속에 있는 마음의 밭[心田]이다. 『정감록』의 핵심이라 해도 과언이 아닌 이재전전은 동학에 의해 이재궁궁(利在弓弓)이라는 말로 흡수되었다. 물론 궁궁(弓弓)이라는 말도 『정감록』에 이미 나온 것이지만, 이 비결을 상징하는 궁궁이라는 말을 철학적으로 더욱 심화 발전시킨 것이 동학이다. 동학의 궁궁은 심학(心學)의 문제이면서 우주적 차원이다.

주9) 다른 우물 :

선천의 옛 우물은 먹지 않는다. 『주역』에 구정무금(舊井無禽)이라 옛 우물에는 새가 모이지 않는다는 말이다. 후천의 새 우물을 수운천사는 용담(龍潭)으로 표현했다. 이 용담에서 발원한 용담수(龍潭水)가 온 천하를 덮게 된다고 보았다. 이 용담수에 의해 동방의 나무가 무럭무럭 자라, 후천의 열매를 맺는 것이다.

주10) 수조남천(水潮南天):

김일부 선생의 『정역』에 나오는 말.
지구의 기후변화는 해수의 온도변화와 직결된다. 바다 밑바닥을 흐르는 남극저층수의 생성이 증가하면 북대서양 심층수의 세력이 감소하여 지구 전체의 기후는 차가워진다. 언제 북대서양 심층수의 생성이 중단될지 모른다. 남극과 북극의 이상 현상은 지축정립으로 가는 전조이다.

二. 남조선 뱃노래

☞

「남조선 뱃노래」에는 '남조선'이라는 독특한 용어가 눈길을 끈다. 이미 南船北馬(남선북마)라는 말은 있었다. 남쪽은 배를 타고 가고, 북쪽은 말을 타고 간다는 뜻이다. 남쪽을 배에 연관시켰던 것이다. 또 남선(南鮮), 북선(北鮮)이라는 말도 있었다. 조선의 남쪽, 북쪽이라는 뜻이다. 배는 한국의 한반도를 상징한다. 제주도는 배의 닻줄을 거는 곳이다. 한반도의 배가 출항하려면 제주도에서 닻줄을 풀어야 한다. 그러므로 남조선 배의 출항여부는 제주도로부터 비롯된다.

아무튼 배는 미지의 세계를 향해 가는 의미를 담고 있다. 그 배가 도착하는 곳은 과거의 세상과는 다른 새로운 세상이라는 상징성을 갖게 한다. 『채지가』의 배는 바로 선천에서 후천으로 건너가는 이섭대천(利涉大川)의 큰 배이다. 큰 내를 건너가기 위해서는 큰 배를 타야한다. 낡고 작은 배는 타는 사람이 불안하다. 기왕이면 크고 안전한 새 배를 타야한다. 배는 우리에게 미래에 대한 무한한 희망을 계시하고 있다. 그러나 뱃길에는 풍파가 따르기 마련이다. 선창에 오를 때는 주위 사람들의 조소비평을 참기가 어렵다. 이런 때는 청림도사를 찾아가야한다. 역발산기개세의 항우도 마지막 오강을 건너지 못했다. 하지만 한번 떠난 배는 목적지까지 가야한다. 사해용왕과 오악산왕의 호위를 받으며 무사히 월궁에다 닻줄을 걸고, 광한전까지 올라가는 것이다. 비로소 온 천지의 나무가 꽃을 피우며 세상을 맞이한다.

핵심어 : 남조선, 뱃노래, 도라지, 청림도사, 용담수류, 조을시구, 강동자제, 도원결의, 삼보조선, 후천개벽, 도사공, 광한전, 용화도량, 무릉도원, 도화유수, 만국문명, 만목개화

☯

띄워라   배띄워라 남조선   배띄워라

南朝鮮 조선의 남쪽 땅, 밝은 땅

세상을 살릴 배를 어디에 띄우는가? 남쪽 조선, 또는 밝은 조선 땅이다. 증산 선생의 경전에 '만국활계 남조선'이라고 했다(1908년)

만경창파 넓은바다 두둥실   배띄워라

萬頃蒼波 넓고 너른 바다

일락서산 해가지고 월출동산 달이떴다

日落西山 서산에 해지고   月出東山 동산에 달뜨다

해는 선천, 달은 후천상징. 또는 넘어가는 해는 일본의 패망 암시

상하천광 맑은물결 월수세계 이아닌가

上下天光 온천지에 비추는 달빛   月水世界 달빛 밝은 세계

천지로　　배를모아　요순우탕　키를잡아

天地 새 하늘 땅을 열기위해　　堯舜禹湯 요, 순, 우, 탕임금

　새세상을　위해 새 배를 띄워 세상을 구원할 키는 누가 잡나?

문무주공　돛을달고　안증사맹　노를져라

文武周公 문왕, 무왕, 주공　　顔曾思孟 안자 증자 자사 맹자

범피증류　띄워노니　추수선녀　천상좌라

泛彼中流 물 한가운데를 가르고 감　秋收仙女 추수하는 선녀　天上座

　큰 배가 물살을 가르며 떠나는 장엄함이 선녀가 천상에 앉은 것 같다

걸주풍파　일어난들　이배파선　어이하리

桀紂風波 하나라 걸왕, 은나라 주왕의 폭정　破船

　민심을 잃어 정치를 잘못하면 폭동이 일어나 가던 배가 부서진다

제일강산　돛대로서　도사공이　누구신고

第一江山 가장 살기 좋은 금수강산　都沙工 여러 사공중의 어른

세계동난　하실적에　전원수가　이아닌가

世界動亂 세계가 변하는 난리　　全元帥 전씨 장수, 전봉준

　첫 번째 세계 동난은 1894년 한국의 갑오동학혁명전쟁으로부터 시작한다.

　공주 우금티에서 동학군의 패배로부터 일제 침략은 시작되었고, 동서양의

　판세가 바뀌었다

용담수류　사해춘은　부자도덕　장할시구

龍潭水流四海春 용담물 흘러 사해가 봄이됨　夫子 공자

　구미산의 작은 용담수가 온 세상에 흘러 흘러 용담의 바다를 이룬다

구미산 용담수는 새세상 개벽 진리의 근원을 상징

만억천금 쌓인속에 솟아나기 어렵도다

萬億千金 수많은 재물

　재물만 탐내는 사람은 그 속에서 빠져나오기 어렵다. 새 세상은 돈없이,
　진리의 힘으로 새 사람들이 만들어 간다

천하절후 삼변하니 그이치를 뉘알소냐

天下節侯　　　三變 우주개벽에 세 번의 변화가 와야 완성된다는 뜻

　계절로는 생장수장(生長斂藏)하나, 변화의 원리로는 生(생)-長(장)-成(성)의
　3단계로 성숙한다

뱃노래　　　한곡조에 무이구곡 돌아든다

　　　　　　　　　　武夷九曲 주자의 별천지 아홉 노래

　남조선에서 출범한 배가 가는 곳은 인류의 이상향인 지상선경의 새
　세상을 찾아가는 것

무궁무궁 저이치를 뱃노래로 화답하네

無窮無窮

시구시구 조을시구 양춘삼월 때가왔네

矢+口=알 知　　　鳥乙　　　　　陽春三月 따뜻한 봄

　좋은 개벽세상인 봄이 오고 있으니 새 乙자의 이치를 알면 좋은 것이다.
　알 知(지)는 〈만사지〉의 주문을 배우라는 암시가 들어있다. 만사지의
　지(知)속에 천도합일의 원리가 있다. 시(矢)는 하늘, 구(口)는 땅을 상징

선창위에 넌짓올라 좌우를　　　살펴보니

船艙 부두에 배를 닿을 수 있게 만든 배다리

배가 떠나기 직전에 좌우를 살펴보고 있다

많고많은 저사람에 누구누구 모았던고

　배에 올라 탄 사람들의 얼굴을 살펴보고 누구인가를 확인하고 있다

주중지인 많은친구 수신수덕 하였던가

舟中之人 배탄 사람 중에　　　修身修德 몸을 닦고 덕을 닦음

　배에 탄 사람중에 과연 누가 얼마나 덕을 닦고 착한 일을 했는가?

일심공부 하올적에 이배타기 소원일네

一心工夫 한 마음,정성을 다해 공부　이배: 새세상으로 넘어가는 배

악덕한　　　그세상에 조소비평 참아가며

惡德　　　　　　　嘲笑批評 세상 사람들의 비웃음

멀고멀은 험한길에 고생도　　지질하다

　　　　　　　　　　지질: 싫증이 날 만큼 지루하다

먹은마음 다시먹어 쉬지않고 나아갈제

애달하다 애달하다 세상사람 애달하다

애달프다: 마음이 아파 속이 매우 달아오르다

원수대척 없었건만 어이그리 척일런고

怨讐大隻 원수짓는 큰 척　　　　　　　隻

돌아서면 냉소하고 숙덕숙덕 비방일세

冷笑 쌀쌀한 태도로 비웃음 숙덕: 남이 모르게 작은 소리로 자꾸 이야기하다

　일심으로 정성껏 공부하는 사람에게는 주위의 비방도 많이 따른다

들도보도 못했더니 별일도   다많더라

도통인지 먹통인지 허무하기 끝이없네
道通   먹桶 먹물 담는 통, 멍청한 사람을 비유
 도통하려다 주위의 조소와 비방에 먹물통이나 붙잡는 꼴이 되는 것이
 아닌지 참으로 허무하구나

저리해서 도통하면 비상천은 내가하지
                    飛上天 하늘에 날아오름

아서라   말아라   세상공론 다버리고
 참된 도통은 말로 하는 것이 아니다. 천하사를 어찌 말로 하려고 하는가

경상도   태백산에 도라지나 캐어보세
慶尙道 우리나라 또는 '경사나는 도'라는 뜻. 도라지의 '도'와 뜻이 연결된다.
太白山 아주 밝은 곳, 밝은 금기운, 민족의 본향인 신시
 도라지는 사람을 살리는 약초, 또는 새 진리가 숨어있는 땅을 상징.
 경사스런 도를 찾는 것은 땅속에 숨어있는 도라지를 캐는 것과 같다

한두뿌리만 캐어도 광주리   밀천되노라
                광주리: 싸리 등으로 만든 작은 나무 그릇
 땅 속의 먹는 도리지는 광주리에 가득차야 기쁘지만
 참된 진리는 하나만 찾아도 만족한 것이다. 광주리는 곧 廣宙理이니 넓은
 세상을 다스리는 진리의 그릇을 상징, 도라지는 곧 道羅地이니 땅속에서
 나온 도의 지남철 같은 진리로 사람을 건져냄

찾아가세 찾아가세 청림도사 찾아가세

靑林道師 푸른 나무 숲의 스승
사람을 살리는 새 진리가 어디에 있는가? 청림은 동방의 목기운을 상징.
참된 도라지의 진리는 동방에서 나온 청림 선생이 일러준다

경신금   풍경소리 말만듣고 찾아가니

庚申金 1860년에 동학이 태어남 風聲 동학에 대한 소문들
동학은 1860년(庚申)에 수운 선생이 경주에서 창도. 慶州(경주)도 경사스런
마을을 상징, 경주에 수많은 도인들이 몰려들었으니

쓰고달고 맛을몰라 오락가락 그뿐이다

동학의 무극대도의 참맛을 모르고 쓰다거나 달다거나 오락가락 마음을
정하지 못해 제각기 시비만 일삼고 있다

날버리고 가는사람 십리못가 발병나네

十里 10수는 진리의 완성을 상징
도를 전해 준 선각자를 버리고 혼자 진리를 다 알은 척하며 먼저 떠난
사람은 진리의 땅에 못 들어가 결국 그 발에 병이 난다

허무하고 허무하다 세상사람 허무하다

虛無 허전하고 쓸쓸하다
진리의 문에 들어오지 못하고 그냥 되돌아간 사람을 보니 인생사가 너무
허무하다는 고백이다. 발병이 났다는 말은 그가 죽었다는 뜻

강동자제 팔천인은 도강이서 하올적에

江東子弟 강동에서 출병한 항우의 군사들
渡江以西 유방을 공격하기 위해 강(烏江)을 건너감.
항우와 유방은 진시황이 죽은 후에 천하를 놓고 쟁패를 벌였다

침선파부 결심해서 삼일양식 가지고서

沈船破釜 배와 솥을 버리고 죽을 각오를 다함   三日糧食 삼일간 먹을 양식

　3일간 먹을 양식만 남겨놓고 마지막 죽을 각오로 항우의 군사들이 유방의
　군대를 공격함. 허정무 감독도 '침선파부'의 각오로 월드컵에 출전했다

백이산하 축녹할제 팔년풍진 겪어가며

百二山河 또는 百二關山　逐鹿 황제의 자리를 놓고 8년간 다툼

역발산　　기개세는 초패왕의 위풍이라

力拔山　氣蓋世 힘으로는 산을 뽑고, 기세는 세상을 덮을 만하다

楚覇王 항우(B.C.232-B.C.202)는 31세에 죽었다

대사성공 하잤더니 천지망아 할일없다

大事成功 천하통일이 큰 일　　　天之亡我 하늘이 나를 망하게 함

　전쟁을 잘못해서 진 것이 아니라 하늘이 망하게 하니 어쩔 수 없다

계명산　　추야월에 옥소성이 요란터니

鷄鳴山　　　秋夜月 가을밤 달　玉簫聲 옥 퉁소 소리의 노래

　계명산에 주둔하고 있던 초나라 군사들이 구슬픈 고향노래를 듣고 마음이
　약해져 흩어짐. 사면초가(四面楚歌)라는 고사가 전해 온다

팔천제자 흩어지니 우혜우혜 내약하오

八千弟子 8천의 군사　虞兮 우부인을 부르는 말　　奈若何 어찌하리오

　패전으로 도망가는 상황에서 항우의 부인 우미인은 어찌하란 말인가

오강정장 배를대고 급도강동 하여있냐

烏江亭長 오강의 고을책임자　　急渡江東 급히 강을 건너 피신

도망온 항우에게 정장이 피신하라고 배를 대었으나 항우가 거절하다.

결국 초패왕 항우는 패하고 유방이 천하를 통일하여 한(漢)나라를 세움

전생사를 생각하니 억울하고 원통하다

前生事 전생의 일. 항우의 전생은 요임금의 아들 단주로 등장함.

단주는 왕의 아들이면서도 왕이 되지 못했다. 그래서 원한이 쌓였다.

전생에 단주로 산 것도 억울한데, 또 후생의 항우가 임금이 못돼 원통하다

강구연월 격양가는 당요천하 송덕할제

康衢煙月　　擊壤歌 태평한 세상의 노래　唐堯天下 요임금　頌德

요임금은 천하의 존경을 받지만, 아들 단주에게는 원망스런 아버지

만승부귀 어데두고 바둑판이 웬일인고

萬乘富貴 마차 1만대를 거느리는 임금의 권세와 부귀

요임금은 아들에게 왕위를 주지 않고 바둑판을 주었다. 그러나 바둑판은
왕권은 아니지만, 남모르는 진리가 들어있는데, 아들은 아버지의 깊은
뜻을 모르고 원망한다. 바둑판은 진리의 나무판을 상징

자미원에 몸을붙여 후천운을 기다리니

紫微垣 북극성이 있는 중원　後天運 다음세상의 운수에 태어나는 것

15개의 별이 감싸고 있는 하늘의 중심 지미원에서 선천에 왕이 못되었던
단주가 후천의 때를 기다린다는 뜻

여액이　미진하야 설상가상 되었더라

餘厄 전생의 남은 재앙　未盡 다하지 못함　雪上加霜 엎친데 덮친격

단주가 왕이 되고자 후생에 항우로 태어났으나 아직 남은 재앙이 있어서
또 실패하는가

할일없다 이내운수 지성발원 다시해서
至誠發願 지극한 정성으로 소원을 빔

구천에   호소하니 해원문이 열렸구나
九天 가장높은 하늘 呼訴 하소연 함 解寃門 선천의 억울함을 푸는 문
  후천에는 구천 하날님께 지성으로 기도하면 해원이 된다는 뜻

모악산   돌아들 때 성부성자 성신받아
母嶽山 전북 김제에 있는 산   聖父 聖子 聖神
  모악산은 후천 성지를 상징

무량도를 닦어내어 미륵전이 높았구나
無量道 무량한 대도   彌勒殿 미륵불을 모신 당우
  김제 금산사에는 유서깊은 미륵전이 있다

연해춘풍 띄운배는 석가여래 시대런가
沿海春風 육지에 가까운 바다의 봄바람 釋迦如來
  석가는 이 노래에서 선천의 봄바람 시대를 상징한다

운변낙안 만이천은 사바세계 되었구나
運變樂安 후천운이 와서 즐겁고 편안함 萬二千 금강산 12000봉우리
  후천의 새 운이 열리니 금강산 봉우리마다 새 세상이 되었다

일체중생 건져다가 극락세계 가게하니
一切衆生 모든 중생   極樂世界 후천의 낙원세계, 불국토

극락세계 어디런고 용화세계 이아닌가

삼생경전 전해줄때 당래불   찬탄가지어

三生經典 과거 현재 미래의 삼생경   當來佛 미래의 미륵불   讚嘆歌
　미래불인 미륵불을 맞이하는 찬탄가를 부르다

역력히도 하신말씀 이내도덕 삼천년후

　석가모니불께서 3천년 후에 다시 오신다고 한 말. 그러니까 전생도
　석가이시며, 후생도 석가이시나, 그 존칭이 미륵불로 오신다는 뜻

용화에   넓은도장 일만이천 도통일세

龍華 용이 백보(百寶)를 토하는 것처럼 수많이 피는 보배의 꽃.
一萬二千 道通 미륵불의 설법을 듣고 12000의 도통군자가 나오는 道場(도장, 도량)
　용화의 꽃이 피는 나무를 龍華樹(용화수)라고 함. 용화수 아래에서 미륵불이
　세 번 설법을 하니 12000 도통군자가 출세한다

도원결의 하실적에 만고대의 누구신고

桃園結義 유비 관우 장비 세 사람이 복숭아밭에서 천하통일의 의를 맺음.
萬古大義 만고에 빛나는 큰 의리

황금갑옷 떨쳐입고 적토마상 빗겨앉아

黃金甲　　　　　　赤兎馬 몹시 빠른 말, 관운장이 타던 말

봉의눈을 부릅뜨고 삼각수를 거사리고

鳳　　　　　　　　三角鬚 세 갈래 긴 수염, 관운장의 얼굴 모습

청룡도를 손에들고 중원회복 하려들제

靑龍刀　　　　　　中原回復 중국의 중심지를 회복함

추상같이 높은의리   만고일인 이아닌고

秋霜 당당한 위엄, 굳은 절개   萬古一人 세상에 다시 유례가 없는 영웅

임진출세 하실적에   삼보조선 하신다네

壬辰出世 임진왜란에 출전   三保朝鮮 조선을 세 번 보호해 줌

  임진왜란때에 영적으로 관우가 조선을 도와주었다는 뜻에서 나옴

  사대주의에서 나온 신앙이라는 비판도 있으나 관우(관운장)를 신으로

  모시는 관제(關帝)신앙이 민간에 널리 퍼져 옴

무섭더라 무섭더라 의리두자 무섭더라

            義理 사람이 지켜야 할 바른 도리

  가장 무서운 것은 도원결의와 같은 인간의 의리이다. 한번 맺은 의리는

  변치 않는다는 뜻

무지한   창생들아   오천만신 부대마라

無知 진리를 모르는   蒼生백성   汚天瞞神 하늘을 더럽히고 신을 속임

부대: 부디, 간절히 바라건대

선천도수 어찌하랴   선악구별 혼잡해서

先天度數 선천종교에 따른 도수   善惡區別 선과 악을 구별함

  선천의 종교는 선악구별도 못해 오히려 혼란을 일으킨다

소인도장 되었으니   군자도소 되었던가

小人道長 소인의 도는 길어지고   君子道消 군자의 도는 사라짐

  주역의 이치로 보면 악한 세상에는 군자의 도는 사라져 처신 할 곳이 없고

  도리어 악인과 소인이 득세하여 판을 친다. 군자는 마지막까지 억울함을

  참는 것

악한자도 복을받고 착한자도 화를받네

　선천의 하늘은 선악과 화복을 구별하지 않는다. 그래서 악한자도 복을
　받고, 착한 자가 오히려 화를 당하는 혼란이 일어난다

후천운수 개벽할 때 선악구별 가릴적에

後天運數 선천이 끝난 새 운수　開闢 후천의 운수가 크게 열리는 것
　선과 악을 엄정하게 구별하기 위해 후천개벽이 온다. 후천의 새 종교와
　문명이 인류에게 올바른 선악을 구별해 줄 것이다

신목여전 무섭더라 암실기심 하지마라

神目如電 신의 눈은 번개같음　　暗室欺心 어둔 방에서 속이는 마음

너의몸에 지은죄는 너의몸에 그칠게요

　자기 몸으로 지은 죄는 자기 몸에서 처벌을 받게 됨

너의몸에 닦은공덕 너의몸에 복록이라

　자기 몸으로 닦은 공덕은 자기 몸에서 복록을 받게 됨

콩을심어 콩이나고 외를심어 외가나니

　콩 심은데 콩나고, 오이 심은 데 오이나는 자연의 법칙은 틀림없다
　種豆得豆(종두득두)　種瓜得瓜(종과득과)의 철리

그도역시 이치로써 천리인사 일반일세

天理人事 一般 하늘이치와 사람의 일이 다 한가지

이말저말 고만두고 뱃노래나 불러보자

　이치를 따지는 일은 그만두고 후천으로 넘어가는 뱃노래를 부르자

도사공은 키를잡고 소사공은 노를져라

都沙工 뱃사공의 우두머리   小沙工 보조 사공

태평양   넓은바다 등기둥실 높이뛰어

太平洋 큰 바다를 상징.   등기둥실: 배가 가볍게 자꾸 움직임

  태평양은 이번의 뱃놀이가 한국안에서만 일어나는 것이 아니고 동서양

  전체에서 일어난다는 뜻

사해용왕 옹위하고 오악산왕 호위할제

四海龍王 네 바다를 대표하는 용왕   五嶽山王 다섯 산을 대표하는 산왕

  용왕은 좌우에서 바짝 지키고, 산왕은 주위에서 따라가며 지킴

천상천하 제대신장 이십팔수 제위신장

天上天下   諸大神將   二十八宿 하늘 동남서북 분야의 별

  여러 큰 신장들과 동서남북 각분야를 맡은 신장들이 보호함

전후기치 나열할 때 좌우검극 삼엄하다

前後旗幟 앞뒤의 군대 깃발   羅列   左右劍戟 좌우의 칼과 창   森嚴

  천상천하의 온 신장, 신명들이 이 뱃놀이에 함께하여 인신(人神)합발을

  이루고 있다는 뜻

사십리   능파속에 신선선녀 하강하고

四十里   陵波 큰 파도   神仙仙女

오색채운 들렀는데 기화요초 난발일세

五色彩雲 다섯 색깔 고운 구름   琪花瑤草 아름다운 꽃과 풀

옥경선악 대풍류로 풍악소리 더욱좋다

玉京仙樂　　　大風流　　　風樂
　천상 하날님이 계신 옥경대에서 울려퍼지는 신선의 큰 풍악

백발노인 청춘되고 백발노구 소부되어

白髮老人　　　靑春　　　　老軀 할머니　少婦 젊은 부인

흰머리가 검어지고 굽은허리 곧아져서
　다시 젊어진다는 뜻

환골탈태 되었으니 선풍도골 완연하다

換骨奪胎 뼈와 얼굴이 좋게 됨　仙風道骨 신선의 풍채와 도인의 골격

의관문물 볼작시면 어이그리 찬란한고

衣冠文物 윗옷과 갓을 갖춘 신선의 문화　　　燦爛 밝고 아름다움

선관월패 단장하니 신선선녀 짝이로다

仙冠月牌 신선의 머리관과 달그림을 그린 패　神仙仙女

머리위에 삼천금은 어사화를 꽂았던가

　　　　　　　　　　御賜花 임금이 하사한 꽃

금잠옥잠 찬란하니 천상보화 아닐런가

金簪玉簪 금비녀 옥비녀

칠양기　　베틀노래 선녀직금 좋은비단

漆樑機　　　　　　仙女織金 선녀가 금실무늬를 넣어 짬

은하수에 세탁하여 우리도복 지을적에
銀河水   道服
　도의도복 선관선복은 도인 신선의 자랑이다

금척옥척 자질하여 도의도복 마련하니
金尺玉尺 금빛나는 자   道衣道服 예식에 입는 특별한 옷

기장하다 기장하다 의관문물 기장하다
奇壯 남다르고 훌륭하다   衣冠文物
　후천의 종교는 의관문물이 발달하여 여러 가지 무늬와 색깔이 들어간다

월궁에다 줄을걸어 광한전　　높이올라
月宮 달속 궁전   廣寒殿 달속 항아 전각, 천상궁전, 도솔천궁
　남조선 배가 태평양을 지나 달속 하날님 계신 궁전을 향해간다. 월궁에
　닻줄을 건다는 것은 후천에 가까이 왔다는 뜻

시방세계 구경할제 만국문명 되었더라
十方 온 우주세계   萬國文明
　후천의 광한전(천궁)이 세상에 알려져야 상생과 해원의 새문명이 열린다

건져보세 건져보세 억조창생 건져보세
                億兆蒼生 수많은 백성들

고해에　　빠진백성 일일이　　건져보세
苦海 고통의 세상

북천을　　바라보니 만천운무 가득하다

北天 어두운 곳(하늘)　　　　　滿天雲霧 하늘 가득한 구름과 안개

동남천을 바라보니 화류구경 더욱좋다
東南天 밝은 곳(하늘)　　　　　花柳 꽃과 버들

임사호천 하였으니 너희창생 가소롭다
臨死號天 죽음에 달해 하늘을 부름
　평소에는 하늘을 무시하고 살다가 죽음에 이르러야 하늘을 찾음

어제보고 웃던사람 오늘보고 탄복일세
　어제까지는 도인 공부하는 것을 비웃다가, 죽음을 보고서야 정신차려
　감탄하여 따름

빙글빙글 웃던사람 다시한번 웃어볼까
　어제까지 빙글빙글대며 가소롭게 웃던 사람이 또 다시 웃음이 나올 수
　있을까

너의신세 그러하나 이내운수 좋을시구
　너의 신세가 가련하게 되었으나 나의 운수는 때를 만나 좋구나. 평소에
　수련수도를 열심히 한 사람에게는 그날이 곧 때인 것이다

들어가세 들어가세 용화도량 들어가세
　　　　　　　　　龍華道場 미륵불의 도량(도장)
　용화의 미륵도량에 들어가는 것이 곧 남조선 배에 타는 것이다

많고많은 그사람에 몇몇이나 참예턴가
　　　　　　　　　参詣 신성한 의식에 참여
　많고 많은 사람중에 과연 몇 사람이나 용화의 배에 탈수 있겠느냐

시들부들 하던사람 후회한들 어찌하며

시들부들: 생기가 없고 풀이 죽은 모양

한탄한들 무엇하리 탄식줄이 절로난다

歎息 한탄하며 한숨을 쉼　　　　　탄식줄: 탄식이 여러번 이어지는 모양

어렵더라 어렵더라 이배타기 어렵더라

천지를 개벽할 남조선 배는 찾기도, 타기도 어렵다는 말

찾아가세 찾아가세 회문촌을 찾아가세

回文村 진리의 마을, 또는 會文村

궁을회문명(弓乙回文明)이란 궁을이 문명을 돌린다는 동학의 말

석양산천 비낀길로 저기가는 저사람아

夕陽山川 해가 지는 산천

욕속부달 되었으니 전공가석 아닐런가

欲速不達 일을 빨리 하려고 하면 도리어 이루지 못함

前功可惜 먼저 쌓은 공이 망쳐 아깝게 됨

사십평생 그만두고 입산공부 들어가니

入山工夫 산에 들어가 공부함

지금까지 살아 온 것을 후회하고 죽을 각오로 산에 들어감

일년이　　될라는지 삼년이　　될라는지

십년이　　될지라도 이내공부 성공후에

다시보자 끼친언약 그동안을 못참아서

도인이 중간에 공부가 어려워 못 참고 그만둠. 그만두는 것은 공부자체가
어렵기도 하지만, 교만심과 자만심이 싹트기 때문임

지동지서 한단말가 난법난도 하던사람

之東之西 이리저리 다니는　　　亂法亂道 스승의 도법을 어지럽힘
조금 아는 척하고 도리어 스승의 법을 업신여기며 다님

전공은　　고사하고 천위신벌 없을소냐

前功 앞에 쌓은 공적　姑捨 더말할 것 없이　天威神罰 하늘의 위엄과 신의 벌

탄탄대로 어따두고 천방지방 무삼일고

坦坦大路 탄탄한 무극대도　　　天方地方 천방지축 허둥지둥

의아말고 따라서라 등들고　　불밝혔네

疑訝 의심스럽고 이상히 여김

어주자를 다시만나 무릉도원 찾아가니

漁舟子 고기잡이꾼　　　武陵桃源 도연명이 말한 신선이 사는 별천지
남조선 배에 타도록 바르게 안내해주는 선각자를 만나야한다. 도연명의
별천지는 깊은 계곡 좁은 동굴속에 있으니 찾기가 어려운 것

남의남　　지시남지 대강철교 높았구나

南　　　南　　　指示南地 남쪽 땅을 가리킴　大江鐵橋
밝고 밝은 남쪽 지방, 밝은 진리. 뒤의 남강철교가 대강철교다.
대강철교가 높아 배(진리) 찾기가 어렵다. 그러나 이 철교를 지나가야한다.
철교는 후천의 금기운이 서린 다리, 금으로 가는 다리

불변선원 하처심고 도화유수 곡중천에

不變仙源 변하지 않는 선원 何處尋 어느 곳에서 찾는가 桃花流水 谷中天

　무릉선경은 변하지 않으니 복숭아꽃 흘러내려오는 좁은 계곡 찾아가라.

　진리의 길은 아무나 가지 못하니 좁고 험난한 것

아동방　　명산중에　지리산이　높았구나

我東方 우리나라　　　　　　智異山

이조개국　하올적에　불복산이　되었구나

李朝開國 이태조 개국　　　　不服山 이태조에 승복하지 않음

　지리산은 이조개국에는 불복하였으나 후천개벽에는 참여한다는 뜻

오는운수　받자하고　손정방을　열어놓고

　　　　　　　　　　巽正方 동쪽, 동남쪽

　지리산이 열리면서부터 후천의 운이 우리나라에 들어온다. 후천운이 처음

열리는 곳은 지리산이 분명하나 그 운이 결실을 맺는 곳은 어느 산인지

말하지 않고 있다

만학천봉　정기받아　봉소형이　되었구나

萬壑千峰 큰 골짜기와 수많은 산봉우리　鳳巢形 봉황이 깃든 형국

오리봉에　비친달이　반공중에　솟아있고

　　　　　　　　　　半空中

죽실리에　부는바람　경국춘색　더욱좋다

竹實里 봉황이 있는 곳에 대나무열매가 있다

經國春色 새나라를 다스리는 봄빛

봉황은 동방의 천자를 상징. 죽실은 후천의 결실(結實)을 암시함

삼태삼경 응기하니 작대산이 높았구나

三台 삼태성　三更 한밤중　凝氣 기가 모임　作(鵲)大山 가상의 산, 까치산
　삼태성은 자미성을 지키고 인간 수명을 관장하는 삼태육성. 삼태는 또
三公(삼공)을 의미하므로 유불선의 기운이 하나로 응기한 새로운 진리를
상징

우백호에 쌓인기운 반룡부봉 그아닌가

右白虎 오른쪽 범, 후천의 음기운
攀龍附鳳 임금을 좇아 일을 도와 공을 세움
　후천의 지도자를 잘 따라가야 성공할 수 있다

일촌광음 허비말고 전진전진 하여보세

一寸光陰 짧은 시간　　　　　　前進前進 앞으로 앞으로 나아감

늦어간다 늦어간다 어서가세 바삐가세

약한창생 건지랴고 이말저말 비유해서

노래한장 지었으니 세상사람 전해주소

부춘산　　칠리탄에 오월양구 떨쳐입고

富春山 중국의 산.　七里灘 7리 여울목　五月羊裘 오월에 양피옷을 입은 고사
　관직을 거절하고 부춘산 여울목에서 절개를 지킨 엄자능을 비유. 이는 5월
봄이 지나야 6월 하지 음(陰)기운이 온다는 뜻. 또 양피는 미(未)이므로
새로 1시가 미시(未時)이고, 후천의 미회(未會)를 상징한다

오는때를 기다리니 일시청풍 맑았구나

一時淸風 짧은 시간에 일어나는 바람

오는 때를 기다리는 중에 후천의 맑은 바람은 갑자기, 짧은 시간에
일어난다

상원갑이 지나가고 중원갑이 당해오니

上元甲 1864년~1923년　　　　中元甲 1924년~1983년

이 채지가가 1924년 전후에 쓰였다는 것을 알 수 있다. 상원갑에 동학의
무극대도가 창건되었다. 지금은 하원갑 시대(1984년~2043년)에 속한다. 영화
「일라이」는 2043년에 망한 인류의 모습을 그렸다

초복중복 다지내고 말복을　바라보니

初伏　中伏　　　　　　　末伏

무더운 말복을 지나야 여름에서 가을로 넘어가는(夏秋交易) 입추(立秋)가
시작된다. 입추의 금(金)은 10미토에서 나온다. 서늘한 금기운은 만물의
성장을 멈추고 결실을 위한 수축작용을 한다

그동안에 기운받아 만국문명 되었구나

萬國文明 후천의 새 문명

삼복 기간동안 흙속에 숨어 있던 금기운이 나타나 후천의 새문명을 열어
간다. 후천은 금기운에 의한 가을의 결실 시대. 열매는 금목이 합덕한
가을나무(秋木)에서 열린다. 금기운은 음의 시대를 주관한다.
만국활계(萬國活計)의 문명은 금기운과 나무의 합덕으로 이루어진다

인사는　기회가있고 천리는　때가있어

사람 일은 기회가 있고, 하늘이치는 때에 따라 움직인다. 지금이 후천으로
넘어가기 직전의 점심때와 같다. 점심을 먹으면 오후 1시가 되어 새 일이

시작된다. 오회(午會)에서 미회로 가는 것. 축미선으로 넘어가는 때

오는때를 급히말라 오게되면 자연이라

후천으로 바뀌는 때는 억지로 만들어 오는 것이 아니다. 1988년 올림픽이
열린 것도 자연이 온 것이다. 서울(首爾)에서 열리니 서울이 세계의 머리가
된다. 후천의 주인이 될 운수는 왔지만 그 자격을 아직 완전히 갖추지
못하고 있다

산을넘고 물을건너 산도절로 물도절로

수수산산 다지내고 탄탄대로 평지되니

水水山山 물마다 산마다　　　　坦坦大路　　　平地

　강마다 산마다 거친 장애 다 건너서 탄탄한 평지에 도착한다

홀연춘풍 취거야에 만목개화 일시로다 ☯

忽然春風 홀연한 봄바람　吹去夜 봄바람이 불고간 밤에　萬木開花 만나무가 꽃핀다.
　개벽의 봄바람이 불면 모든 나무가 다같이 꽃이 피듯이 모든 사람이 새
세상을 볼 수 있다. 그러나 봄바람을 기다리지 못하고 허송세월한 자는
한탄하고 만다

주1) 남조선 :

강증산 선생의 말씀 중에 '남조선'이란 말이 나온다. 이는 100년 전에 하신 말
씀이다.

萬國活計南朝鮮(만국활계남조선)

만국을 살릴 활방책이 남조선에 있고

淸風明月金山寺(청풍명월금산사)

맑은바람 밝은달이 금산사에 비추네

文明開化三千國(문명개화삼천국)

새문명은 삼천나라에 열려 꽃피고

道術運通九萬里(도술운통구만리)

새 도술의 운수가 구만리(우주끝)에 통하네

(※ 새문명은 한글로 열린다)

주2) 용담수류 :

최수운 선생의 『동경대전』에 「절구」에 나오는 구절.

龍潭水流 四海源(용담수류 사해원)

용담의 물이 흘러 사해의 근원이 되고,

龜岳春回 一世花(구악춘회 일세화)

구악에 봄이 돌아오니 온 세상에 꽃이로다

주3) 조을시구 :

乙을 알라. 알 知를 알라. 동학의 근본주문 21자에
"지기금지 원위대강 시천주 조화정 영세불망 만사지"가 있으니 만사지(萬事知)
의 지가 알 知자 이다. 知(지) = 矢(양, 하늘) + 口(음, 땅) = 천지합덕

주4) 무이구곡 :

주자가 무이산(武夷山)에 거처하며 지은 무이구곡(武夷九曲)의 시. 그 중에 마지
막 구절이다.

九曲將窮眼豁然(구곡장궁안활연)

아홉 굽이 장차 다해 눈이 훤히 열리니

桑麻雨露見平川(상마우로견평천)

뽕나무 삼나무 비이슬이 평천을 보더라

漁郎更覓桃源路(어랑갱멱도원로)

어랑이 다시 도원 길을 찾으니

除是人間別有天(제시인간별유천)

이곳 사람 사는 곳외에 따로 하늘 있는 게 아니구나(여기가 바로 별천지이다)

주5) 강동자제 :

당나라 시인 두목지의 「제오강정(題烏江亭)」에서 따온 말이다. 두목지는 유방에게 패한 항우가 하늘을 원망하며 자진한 것을 두고 이같이 애석해했다.

勝敗兵家不可期(승패병가불가기)

승패는 병가도 기약하기 어려운 일이니

包羞忍恥是男兒(포수인치시남아)

부끄러움을 떠안고 참는 게 사내인데

江東子弟多豪傑(강동자제다호걸)

강동의 자제(군사) 중에는 호걸도 많았으니

捲土重來未可知(권토중래미가지)

다시 일어났다면 승패는 아직 알 수 없었네

주6) 침선파부 :

沈船破釜 또는 破釜沈舟(파부침주). 진을 공격하기 전 항우는 결사항전의 의지를 불태우기 위해 하수를 건너자 모든 배를 가라앉히고 솥을 깨트린 다음 막사를 불태웠으며 삼일을 버틸 양식만을 지니게 하면서 배수의 진을 치고 싸웠다는 고사.

주7) 역발산 기개세 :

유방의 군사에게 쫓겨 해하(垓下)의 절벽으로 내몰린 항우와 그 군사는 피로와 병력의 열세로 전의를 상실하고 있었다. 전세를 예감한 듯, 사랑하는 애첩 우미인과 부하 장수들과 마지막 이별의 술자리를 베풀게 된다. 이 자리에서 항우는 자신의 절박한 처지와 우부인의 안전을 걱정하는 마음을 표현하여 바로 '해하가(垓下歌)'를 지었다.

力拔山兮氣蓋世(역발산혜 기개세)

힘은 산을 뽑아낼 만하고 기운은 세상을 덮을만한데

時不利兮騅不逝(시불리혜 추불서)

형편이 불리하니 오추마도 가질 않는구나

騅不逝兮可奈何(추불서혜 가내하)

말이 나아가질 않으니 내 어찌할 것인가

虞兮虞兮奈若何(우혜우혜 내약하)

우(부인)여, 우여 너를 어찌할거나

이에 대해 우미인은 다음과 같이 화답하며 스스로 목숨을 끊게 된다.

漢兵已略地(한병이략지)

한나라 병사들이 이미 땅을 차지하였고

四方楚歌聲(사방초가성)

사방에서 들리느니 초나라 노래인데

大王意氣盡(대왕의기진)

대왕의 뜻과 기운이 다하였으니

賤妾何聊生(천첩하료생)

천한 제가 어찌 살기를 바라겠나이까

주8) 천지망아 :

가까스로 오강에 피신한 항우의 뒤를 따르는 군사는 겨우 28기 밖에 안되었다. 유방의 군사가 뒤쫓아 오는 급박함 속에 오강(烏江)의 정장(亭長: 烏江亭의 책임자)은 항우에게 후일을 기약하길 충언하며 배에 오르길 간청하였다. 그러나 항우는 "하늘이 이미 나를 망하게 하려는 것이지, 전쟁을 잘못한 죄가 아니다(天之亡我 非戰之罪也)"라고 말하고 거절하였다. 항우는 "내가 구차하게 물을 건너 무얼 하겠는가? 지난날 나는 강동의 자제(군사) 8천 명과 이 물을 건너 서쪽으로 왔으나, 이제 한 사람도 살아서 돌아오지 못했다. 설령 강동의 부형(父兄)들이 나를 가엾게 여겨 다시 왕으로 삼아 준다고 해도 내가 무슨 낯으로 그들을 마주 볼 수 있겠는가?"라고 말했다. 이어 항우는 고향으로 돌아갈 자격이 없다며, 애마 오추마를 정장에게 건넨 후 추격해 온 유방의 군사들과 최후의 결전을 펼치다 마지막에 이르러 자신의 칼로 목을 찔러 자결한다. 항우의 한(恨)이 천추(千秋)에 남게 되었다. 「남조선뱃노래」의 작자는 이 한은 본래 요임금의 아들 단주로부터 온 것으로 보았다.

주9) 바둑판 :

단주(丹朱)가 불초하다 하여 요(堯)가 순(舜)에게 두 딸을 주고 천하를 전하니, 단주는 원을 품었다. 이로부터 원한의 뿌리가 세상에 박히고 천지에 가득 차게 되었다. 당요(唐堯: 요임금)는 순에게 선양한 후, 단주에게는 후천의 운을 기다리고 있으면서 바둑을 두라며 바둑판을 주었다. 바둑판은 후천의 진리를 상징한다. 그러므로 단주의 해원은 다음에 나오는 「초당의 봄꿈」의 오선위기(五仙圍碁)로부터 운(運)을 받아 풀리게 된다.

주10) 삼보조선 :

『연려실기술』에는 삼보조선(三保朝鮮)을 이해할 수 있는 다음과 같은 구절이 적혀 있다.

일찍이 임진년과 정유년의 왜란 때에 관우의 신령이 나타나 신병(神兵)으로써 싸움을 도와주어 명나라 장수와 군사들이 모두 말하기를, "임진왜란 때, 평양성 전투(1593.01)에서 이긴 것과 정유재란 때, 울산의 도산(島山)성 전투(1597.12)에서 왜병을 물리칠 때, 관우의 신령이 늘 나타나 음조(陰助)하였다. 최근 6·25 때도 관우장이 우리를 도와주었다고 한다.

주11) 홀연춘풍(忽然春風) :

『동경대전』「탄도유심급」에 나오는 수운 선생의 말. 개벽의 봄바람은 홀연히 불어온다는 뜻.

春風吹去夜(춘풍취거야)

봄바람이 불고간 밤에

萬木一時知(만목일시지)

만나무가 (꽃핌을)일시에 알아 차리리라

주12) 작대산 :

봉산탈춤 노래에 "울룩줄룩 작대산(作大山)하니, 황천풍산(黃川豊山)에 동선령(洞仙嶺)이라"라는 구절이 나온다. 어느 산인지 확실하지 않다. 까치산 또는 마음 속의 산으로 본다.

주13) 만국문명 :

후천의 새 문명을 이름하여 만국(萬國)문명이라고 했다. 후천의 음시대는 금극목(金克木 : 庚이 甲을 침)에 의해 열리지만, 또 한편으로 을경(乙庚)합일의 묘미도 있다. 이를 택멸목(澤滅木)으로 설명하기도 한다.(졸저『주역과 동학의 만남』참조)

三. 달노래

☞

「달노래」는 남조선배가 최후에 정박할 후천의 선경 땅과 수원나그네가 누구인지를 밝혀주고 있다. 해가 선천이라면 달은 후천을 상징한다. 「달노래」는 이름그대로 남조선배가 마지막 정박할 곳은 후천의 달(광한전)이라고 말한다. 그러니까 남조선배는 선천에서 후천으로 넘어가 새 세상을 찾아가는 개벽의 구원선(救援船)이며, 극락으로 가는 반야용선(般若龍船)이다. 이 구원선의 실질적인 도사공(최고지도자)이 누구인가에 대해 수원나그네임을 말하고 있다. 수원나그네는 청림에서 만났던 청림도사였던 것이다.

그러나 수원나그네를 만나고, 청림도사를 찾았다고 해서 만사가 형통한 것은 아니다. 수원나그네와 청림도사는 우리가 배를 타고 건너가기까지 우리를 안내해준 도사공이요, 함장이었던 것이다. 배가 도착하면 도사공이나 함장은 내리지 않고, 배안에 탄 손님들만 내리지 않는가. 후천의 새 땅에 도착하면 그때부터 모든 책임은 우리 각자가 지게 된다. 그러므로 우리는 도사공의 얼굴만 쳐다 볼 것이 아니라, 열석자 주문 공부로 방합조개처럼 때에 따라 열고 닫아 스스로 진주(眞珠)를 맺으라고 일러준다.

핵심어 : 이태백, 수종백토주청림, 광한전, 열석자, 수원나그네, 옥추문, 금강산, 백조일손, 대판결, 방합조개, 삼십륙, 태을, 후천명월

☯

달아달아 밝은달아 이태백이 놀던달아
　　　　　　　　　　李太白 달세상의 주인공을 암시
　새 주인공 이태백은 李는 목, 太는 태극, 白은 금을 상징

보름달은 온달이오 나흘달은 반달일세

섣달이라 초나흗날 반달보고 절을하네
12월은 十二月이니 푸를 靑 목기운. 12월은 사계절의 순환원리
　동방 목기운이 후천의 문을 열고 나와 중심이 된다.
　十二 ＋ 月 ＝ 靑 ＝ 三一円(삼일원)

대월이라 삼십일　　소월이라 이십구일
大月　　　　30일　　　小月　　　　29일
　음력은 큰달이 30일, 작은달인 29일로 윤달이 생긴다

옥토는　　만월이오 백토는　　소월이라
玉兎 옥토끼　　滿月 30일 큰달 白兎 흰토끼　　小月 29일 작은 달
　옥토끼는 무극의 10수, 백토끼는 삼태극의 9수, 달속 토끼는 후천 음세상

수종백토 주청림은 세상사람 뉘알소냐

須從白兎　走靑林 모름지기 흰토끼를 좇아 푸른 숲으로 들어 간다.

　동방 靑은 三一圓이니 만물의 근원지. 林(림)은 十八, 十八이니 36궁(천궁).

　흰토끼가 청림에 가는 것은 청림의 천궁 속에 옥토끼가 살고 있기

　때문이다. 청림의 주인을 무극의 옥토끼에 비유

유시에　해가지고 슐시에　달이비춰

酉 오후 5시~7시에 해지고　　戌 오후 7시~9시에 달이 뜬다

　달이 뜨면 양은 완전히 사라지고 음이 주도한다. 달과 음은 후천

동해동천 비친달이 비친곳에 비치련만

東海東天 동쪽바다 동쪽하늘

　밤에 동쪽하늘 비치는 달은 아침에 해가 비쳤던 그 곳을 비치건만

산양산남 비친달이 산음산북 몰랐던가

山陽山南 남쪽산 양지바른 곳　　山陰山北 북쪽산 그늘진 곳

　해나 달이나 양지와 음지가 생기는 것은 마찬가지이니 해뜨는 것은

　알아도 달 뜬 것을 모르네

근수누대 선득월은 향양화목 이위춘이라

近水樓臺先得月 물가까이 있는 누대에서 먼저 달을 보고

向陽花木易爲春 양지바른 꽃나무에서 봄을 맞기 쉽다.

흑운속에 숨은달이 별안간에 밝았거든

黑雲 검은 구름, 선천 말기의 어지럽힌 것

　어제 해(선천)만 생각하는 때에 갑자기 새 달이 솟아났다

개벽천지 열렸도다 문명시대 되었던가

開闢天地 후천의 새로운 천지가 열리는 개벽   文明時代 후천의 새문명시대

완월루에 높이올라 요순건곤 만났던가

玩月樓 달을 즐기며 놀던 누대   堯舜乾坤 요순의 세상(태평세상)
 후천의 새 달을 맞이하니 새로운 태평성대가 온다

월궁선녀 단장할제 광한전   열어놓고

月宮仙女 달궁전의 선녀   廣寒殿 달 속 궁전 또는 도솔천궁
 후천의 선녀들이 하날님 맞이하기 위해 후천 궁전의 문을 연다

단계지를 꺾어들고 예상우의 노래불러

丹桂枝 달의 계수나무 가지   霓裳羽衣 천상 선녀의 옷
 하늘 노래가 울려 퍼지니 온 우주가 연꽃 핀 것 같다

시방세계 통찰하니 십주연화 더욱좋다

十方世界 온 세계   通察   十洲蓮花 신선이 사는 열 개섬에 핀 연꽃
 하늘의 극락세계를 연화대(蓮花臺)라고도한다. 우주 시방세계가 연꽃같이
 장엄한 모습

금강산이 명산이라 일만이천 높은봉에

金剛山   名山   一萬二千
 새세상에는 금강산 12000봉우리에 응기하여 한국에서 도통군자가 많이
 나온다. 이는 상징적인 숫자로 최소한 120만 명이 나와야 한다

봉봉이도 비쳐오니 옥부용을 깎아낸듯

峰峰 봉우리마다   玉芙蓉 아름다운 연꽃송이

십이제천 금불보살 강림하여 내릴적에

十二諸天 하늘의 12나라   金佛菩薩 금불 부처님
  곤륜산 동쪽 금강산에 53불이 강림하면 새 세상이 온다고 했다

열 석 자   굳은맹세 우리상제 아닐런가

13자: 〈시천주조화정 영세불망 만사지〉의 동학주문을 의미

여기에 8자〈지기금지 원위대강〉을 합해 21자가 동학주문이다

  시천주(侍天主)란 하날님을 내 몸에 모신다는 뜻으로 후천에는 사람마다

  상제 하날님을 모시면서 살아간다

도리 춘풍 비리보니 하지하지 우하지라

桃李春風 복숭아꽃,오얏꽃 봄바람   何知何知 又何知 어찌알수 있을까

  何知는   또 夏至이니 一陰이 나오는 것을 상징, 음의 후천시대가 열리는

  것, 후천시대의 일음(一陰)이 생기는 때가 하지이다

언제보던 그손인가 수원나그네   낯이익네

                     巽 동방 나무   水原旅人

  수원나그네는 임금을 나그네로 잘못 본 것에서 유래. 속담에 "알고보니

  수원나그네"라는 말이 있다. 이는 남모르게 오는 후천임금을 상징한 말

대자대비 우리상제 옥추문을 열어놓고

大慈大悲   上帝

玉樞門 천지와 음양이 드나드는 하늘문

  대자대비는 부처님의 덕을 상징하나, 상제님을 말한 것은 그 상제님은

  부처님과 하날님의 덕이 하나된 하날님이라는 것을 상징한다. 그래서 그

  하날님은 도솔천에 계신 하날님이시다. 하날님께서 옥추문을 열고 우주의

  가을로 넘어가는 시기에 알곡을 골라낸다

대신문을 벌려노니 신명걸음 더욱좋다

大神門 천상 신계의 문   神明 천지의 신령
  후천의 때에 하늘 대신문을 열어 놓으니 신명들이 지상으로 기분좋게
  내려가는 모습

천상공덕 선령신들 자손찾아 내려올제

天上功德 천상에 쌓은 공덕   先靈神 조상의 신령님들
  후천에 알곡의 결실을 수확하기 위해 착한 자손을 찾아 내려간다

적선일세 적선일세 만대영화 적선일세

積善 착한 일을 쌓음   萬代榮華 만세토록 영화로움

백조일손 그가운데 자손줄을 찾아가니

百祖一孫 100의 조상이 낳은 수많은 자손 중에 겨우 한 자손을 찾음
  후천에 살아남을 착한 후손을 찾기가 참으로 어렵다는 뜻

어떤사람 이러하고 어떤사람 저러한고

자손줄이 떨어지면 선령신도 멸망된다

  자손에 의해 선악이 결정되며, 자손줄이 잘못되면 조상의 신령신도 같이
  떨어져 죽게 된다

희희낙락 기뻐할제 한모퉁이 통곡이라

喜喜樂樂 매우 기뻐하고 즐거워 함
  자손줄을 찾은 조상 선령신은 기뻐하고, 그렇지 못한 조상 선령신은
  통곡하지 않을 수 없다

뼈도없고 싹도없다 영혼인들 있을소냐

  후천에 못 들어간 사람들은 뼈도, 싹도 없어지고, 마지막 영혼도

없어진다는 무서운 예언이다

화인악적 되었던가 너의운수 가소롭다
禍因惡積 재앙의 원인은 악을 쌓은 것에 있다

복연선경 되었으니 이내운수 좋을시구
福緣仙境 복의 인연으로 선경에 감

자손을   잘못두면 욕급선조 된다하고
辱及先祖 욕이 조상에까지 미친

자손을   잘만두면 선조여음 송덕이라
先祖餘蔭 조상의 남은 음덕
땅에 살고 있는 자손을 잘 두면 그 덕을 조상이 오히려 받으니
조상선령들이 지상의 자손들을 고맙다고 기린다. 후천에는 자손과 조상이
함께 넘어간다

천지인신 대판결은 선악분간 분명하다
天地人神   大判決   善惡分揀   分明
하늘 땅 사람 신명을 대판결함에 선과 악의 분간이 틀림없다

무섭더라 무섭더라 백포장막 무섭더라
白布帳幕 흰 베로 둘러친 장막
백포는 가을 숙살의 금기운이며, 백포는 알맹이와 쭉정이를   골라내는
무서운 심판의 장막이다

작대산에 달이비쳐 봉우리에 비쳐오니
작대산: 까치산

성주산　　늙은중에　문안차로　내려올제

聖住山 충남 보령의 산. 대낭혜 화상의 탑비(최고운이 씀)가 있다.
　가섭존자가 새 부처님이신 미륵불을 맞이하는 동방의 계족산이라고
　전한다

일월가사　떨쳐입고　총총걸음　바쁘도다

日月袈裟 해와 달을 수놓은 붉은 가사
　석가불은 가섭에게 발우와 가사를 증표로 미륵불께 드리라고 유언했다.
　가섭존자는 석가불로부터 받은 금실로 짠 승가리(대의가사)를 미륵불에게
　입혀드린다

방합은　　조개로다　월수궁에　잠겼으니

蚌蛤 민물조개　　　　　　　月水宮

오일십일　때를맞춰　열고닫고　개합하여

五日十日 5일과10일에 각각 개합하니 5, 10, 15, 20, 25, 30이므로 6회

한달이라　여섯번씩　육륙은　　삼십륙을
　　　　　　　　　　　　　六六　　　　三十六
　선천은 5가 중심이나 후천은 6이 중심작용을 한다. 36천은 도솔천 상징 수

월수정기　갈마하니　토기금정　길러내어

月水精氣　　　　　　　　土氣金精 토가 금을 길러낸다
　달 정기가 갈마들어야 조개에서 진주가 맺힌다. 사람마다 자기속에
　진주(眞珠)를 스스로 맺어야한다. 자기 스스로 진주가 될 때 세상을 건지는
　진주(眞主)가 될 수 있다

후천도수 삼십륙에 중앙어복 태을이라

後天度數　　三十六　　中央魚腹　　太乙

　바둑판의 중앙을 어복이라 하니 그 주인은 태을이요, 태극이다. 태을은
하날(한울)을 한자로 표기한 것. '한'의 한자가 '太'이다

존주의리 높았으니 노중련의 기상이오

尊主義理 주인을 높이는 의리　　魯仲連 제나라의 의인

채석강에 비쳤으니 이태백의 풍류로다

采石江 이태백이 배를 타고가다 술에 취해 물속 달을 잡으려다 빠졌다는 강, 이태
백은 안록산의 난 때 귀양을 감

임술칠월 소동파는 소언동산 적벽강에

壬戌七月 소동파(蘇東坡)가 적벽강(赤壁江)에 놀러간 때

少焉東山 『시경』의 한 구절

　동산은 동방의 산이니 후천 갑자(1924)직전인 임술(1922)을 상징.
「달노래」를 쓴 연대로 추정된다

사가보월 청소립은 두자미의 사향이라

思家步月淸宵立 두보(杜子美)의 시　　　　　　　　思鄕 고향을 바라보며 생각함

　두보가 집을 생각하며 달 아래를 거닐다가 맑은 밤에 고향을 생각하며
멈춰서다

추풍월야 초병산하니 수식계명 산월명고

秋風月夜 楚兵散 가을바람 달 밝은 밤에 초나라병사가 흩어짐

誰識鷄鳴 山月明 누가 계명산에 달 밝음을 알았으리요?

　계명산에서 초나라 노래소리에 패한 항우 군사들의 처지를 말함

달아달아 밝은달아 후천명월 밝은달아 ☯

后天明月

소동파는 권력의 희생자, 두보는 전쟁의 피해자, 계명산은 전쟁의 원혼이
서린 곳. 후천의 밝은 달이 이들 원혼을 해원한다

주1) 수원나그네 :

숙종대왕이 평복차림을 하고 민정시찰을 나서서 각 지방을 돌던 중에 수원 지
방을 다니던 중 담배밭 앞으로 지나갈 때였다. 농부는 담배밭에서 잘 건조된
담뱃잎을 정성스럽게 따고 있었다. 숙종은 농부에게 지나가는 나그네인데, 마
침 담배가 없어 한 잎 얻어 피울 수 있겠는가 라고 말을 건넸더니 그 농부는
얼굴색이 변하여 엄하고 정숙한 태도로 이 물건은 임금님께 진상하려는 것이
라며 얼씬도 못하게 하였다. 숙종은 민정시찰의 일정을 마치고 한양으로 돌아
와 정사를 보고 있었다. 그후 담배 농사꾼은 첫 수확한 담배를 등에 지고 임
금에게 바치려고 한양으로 올라가서 담배를 임금께 올렸다. 숙종 임금은 담배
를 보자 지난날 민정시찰 때 담배 밭의 일이 새롭게 떠올라 담배를 가지고 온
사람을 데리고 오라고 하였다. 잠시 후에 농부는 임금님 앞에 무릎을 꿇고 복
명 하였는데 고개를 들어 내 얼굴을 자세히 보라는 임금의 어명에 황공 하옵
게도 고개를 들어 임금의 용안을 보는 순간 "앗! 수원나그네!" 바로 그 사람이
었다. 그래서 "알고보니 수원나그네"라는 속담이 생겼다.

주2) 노중련 :

사마천의 『사기열전』에 나오는 인물이다. 노중련은 제나라 출신이다. 위나라
재상 평원군이 노중련에게 천금을 주려하자, "천하의 어진 사람은 남을 위해
근심을 덜어 주며, 괴로움에서 구해 주고 난리를 평정하되, 결코 보수는 받지
않습니다. 나는 그것을 받을 수 없습니다"라고 거절하였다. 또 연나라 장군에

게 보낸 글에서 "용감한 사람은 죽음을 겁내서 명예를 잃지 않으며, 충신은 몸을 아껴 주군을 잊는 일이 없습니다"라고 유명한 말을 남겼다. 노중련은 제나라 왕이 작위를 내리려고 하자, 몸을 바닷가의 어느 마을에 피하면서, "부귀를 누리기 위해 남에게 어색하게 굴기보다는 오히려 평생동안 가난하게 살면서 뜻대로 사는 것을 택하리라"고 말하고 거절했다.

주3) 이태백과 달 :

『고문진보』에 실린 「月下獨酌(월하독작)」이라는 이태백의 시이다.

花下一壺酒(희히일호주)

꽃 밑에서 한 병의 술을 놓고

獨酌無相親(독작무상친)

친한 이도 없이 홀로 마시네

擧盃邀明月(거배요명월)

잔을 들어 밝은 달님을 맞이하니

對影成三人(대영성삼인)

그림자 대하여 세 사람이 되었네

月旣不解飮(월기불해음)

달은 본래전부터 술 마실 줄 모르고

影徒隨我身(영도수아신)

그림자는 그저 내 몸을 따를 뿐

暫伴月將影(잠반월장영)

잠시 달과 그림자를 벗하니

行樂須及春(행락수급춘)

봄날을 당하여 마음껏 즐기네

我歌月排徊(아가월배회)

내가 노래하면 달이 거닐고

我舞影凌亂(아무영능란)

내가 춤을 추면 그림자가 어지럽네

醒時同交歡(성시동교환)

깨어 있을 때 함께 서로 즐기지만

醉後各分散(취후각분산)

취한 뒤에는 각기 흩어지네

永結無情遊(영결무정유)

속세 떠난 맑은 사귐 길이 맺고자

相期邈雲漢(상기막운한)

멀리 은하에서 만날 날을 기약하네

天若不愛酒(천약불애주)

하늘이 만일 술을 즐기지 않았다면

酒星不在天(주성부재천)

어찌 하늘에 술별이 있으며

地若不愛酒(지약불애주)

땅이 또한 술을 즐기지 않았다면

地應無酒泉(지응무주천)

어찌 술샘이 있으리요

天地旣愛酒(천지기애주)

천지가 이미 즐기었거늘

愛酒不愧天(애주불괴천)

술을 좋아함을 어찌 부끄러워하리.

已聞淸比聖(이문청비성)

듣기에 맑은 술은 성인에 비하고

復道濁如賢(복도탁여현)

흐린 술은 또한 현인에 비하였으니

聖賢旣已飮(성현개이음)

성현도 이미 마셨던 것을

何必求神仙(하필구신선)

신선을 더 구하여 무엇하랴

三盃通大道(삼배통대도)

석잔술로 대도에 통하고

一斗合自然(일두합자연)

한말 술에 자연과 합하거니

俱得醉中趣(구득취중취)

모두 취하여 얻는 즐거움을

勿謂醒者傳(물위성자전)

깨어 있는 사람에게 이르지 말라(이하 생략)

(출처 : 황견 편/이장우,우재호,장세후 공역『고문진보』)

주4) 임술칠월과 소동파 :

소동파(蘇東坡)의 「전적벽부(前赤壁賦)」에 나온다.

壬戌之秋 七月旣望(임술지추 칠월기망)

임술(壬戌) 가을 7월 기망(旣望)에

蘇子與客 泛舟遊於赤壁之下(소자여객범주유어적벽지하)

소자(蘇子)가 손[客]과 배를 띄워 적벽(赤壁) 아래 노닐새

淸風徐來 水波不興(청풍서래 수파불흥)

맑은 바람은 천천히 불어 오고 물결은 일지 않더라

擧舟屬客 誦明月之詩 歌窈窕之章(거주촉객 송명월지시 가요조지장)

술을 들어 손에게 권하며 명월(明月)의 시를 외고

요조(窈窕)의 장(章)을 노래하더니

少焉 月出於東山之上 徘徊於斗牛之間(소언 월출어동산지상 배회어두우지간)

이윽고 달이 동쪽 산 위에 솟아올라 북두성(北斗星)과

견우성(牽牛星) 사이를 서성이더라

두보의 「恨別」(한별: 이별이 한스러워)에 나오는 구절이다.

洛城一別四千里(낙성일별사천리)

낙양성 이별하여 사천리

胡騎長驅五六年(호기장구오륙년)

오랑캐 말 몰아 5~6년

草木變衰行劍外(초목변쇠행검외)

풀과 나무 쇠할 때 검 밖으로 나와

兵戈阻絕老江邊(병과조절노강일)

병과에 막혀 강변에서 늙네

思家步月淸宵立(사가보월청소립)

집 생각에 달밑을 걷다 맑은 밤에 멈춰서고

憶弟看雲白日眠(사제간월백일면)

아우를 생각하며 구름을 보고 한낮에 잠들어 버렸네

聞道河陽近乘勝(문도하양근승승)

듣자니 하양에서는 근래에 승승장구한다더니

司徒急爲破幽燕(사도급위파유연)

사도(벼슬이름)여 급히 유연(반군의 점령지)을 물리쳐다오

四. 남강철교(南江鐵橋)

「남조선뱃노래」에서 시작한 뱃놀이는 이 「남강철교」에서 실질적으로 마치므로 「칠월식과」와 순서를 바꾸어 놓았다. 「남강철교」는 목적지에 도착한 배에서 탑승승객들이 내린 다음 마지막 건너가는 다리이다. 바다와 육지를 연결한 이 다리를 건너야 후천의 새 땅에 입성하는 것이다. 그리하여 달 속에 이미 와 있던 월궁선아를 만나게 된다. 새 땅에서는 여성시대와 해원시대가 동시에 열린다. 여기에 동참하지 못한 자들에게는 통한의 후회만 남는다. 비록 사촌형님일지라도 구원해 줄 방도가 없다. 후천의 운명이 갈라지는 엄숙한 순간이다.

그렇지만 죽은 나무가 꽃이 피듯이 정성이 지극한 자에게는 하늘이 다시한번 기회를 더 주는 자비심을 베푼다. 이런 때에 개벽의 일꾼들은 천명을 받고 도임행차를 하니 세상사람들이 부러워한다. 일꾼은 때를 만나 일할 때가 가장 기쁘다.

「남강철교」는 본래 경상도 안동지방의 놋다리밟기에서 유래한 듯하다. 놋(놋쇠)다리밟기 또는 기와밟기라고도 한다. 주로 여자들이 정월 대보름날 밤에 즐겼다. 여자들이 허리를 굽혀(기와차럼) 다리(사람이 만든

다리, 人橋)를 놓아 공주님을 맞이하는 놀이이다. 여성시대의 개막을 상징하고 있다.

핵심어 : 광한전, 월궁선아, 계수나무, 옥경상제, 경상도놋다리, 해원시대, 육부팔원, 오만년, 극락세계, 사촌형님, 일심공부

☯

정월이라 보름날은 일년에도 명절일세
正月
　놋다리놀이는 정월 보름날 밤에 열린다. 달맞이 놀이다

형님형님 사촌형님 놀러가세 구경가세
　　　　四寸 사촌간
　유교, 불교, 선교, 기독교는 모두 알고 보면 사촌간의 종교형제이다

앞집에야 김실형님 뒷집에야 이실형님
金實 금실나무 열매, 金은 서쪽, 서양　　　　李實 오얏나무 열매, 동양
　오얏나무는 조선[이씨조선]을 특히 상징한다

새옷입고 단장하고 망월차로 어서가세
　　　　　望月 달맞이
　설날 명절이므로 모든 사람이 차별없이 달맞이에 나간다

광한전이 높았으니 월궁선아 맞이가세
廣寒殿 달속 궁전　　　　月宮仙娥 달에 사는 항아선녀

광한전은 후천의 하날님 궁전을 상징하고, 월궁선아는 후천 여성시대를 상징하고 있다. 항아(姮娥)는 상아(嫦娥)라고도 하는데. 선천의 불사약을 훔쳐서 달나라로 도망한 선녀이다. 결국 그 불사약을 들고 후천의 첫 여성으로 등장한다

달가운데 계수나무 상상지를 꺾어다가
　　　　　　桂樹　　　　上上枝 맨 위 가지

계(桂)는 나무 木+土 土이니 5·10토가 3·8나무에 붙어있는 모양. 후천에는 토와 목이 운명을 같이한다

머리위에 단장하고 신선선녀 짝을지어
　　　　　　　　神仙仙女 남자신선과 여자신선

호천금궐 높은곳에 우리상제 옥경상제
昊天金厥(禁闕) 천상의 상제님 궁궐　　　上帝　　玉京上帝

호천금궐이나 옥경대나 같은 말이다. 옥황상제 하날님이시다

선동옥녀 데리고서 세배드리러 올라가세
仙童玉女 남자아이 신선과 여자아이 신선　歲拜

맑고맑은 월궁세계 양친부모 모셔다가
　　　　　月宮世界　　兩親父母 아버지와 어머니

천년만년 살고지고 무궁무궁 극락일세
千年萬年　　　　　　無窮無窮　　極樂

올라가세 올라가세 다리없어 어이갈고

칠월칠석 오작교는 견우직녀 건넌다리

七月七夕　　　　烏鵲橋 까마귀와 까치가 은하수에 놓은 다리
牽牛織女 견우와 직녀.
　칠석날 견우와 직녀가 오작교를 건너 만난다는 전설

만리중원　승평교는　문장호걸　건넌다리
萬里中原　　　　昇平橋(?)

섭선사의　광도교는　당명황이　건넌다리
涉仙寺　　　　廣道橋(?)　　　　唐明皇 당나라 현종
　현종이 양귀비를 만나기 위해 건넜다는 다리로 알려짐

청운녹수　낙수교는　과거선비　건넌다리
靑雲綠水　　　　洛水橋 중국 낙양에 있는 다리

우리다리　어디있노　대강철교　바라보니
　　　　　　　　　大江鐵橋 후천 상징의 다리

이다리가　뉘다린가　경상도의　놋다리라
　　　　　　　　　　　　놋다리: 銅橋(동교), 人橋(인교)
　동학의 대강다리는 후천의 경사있는 다리이다. 이 부분에 여러 설이
있으나 수운교 판본대로 실었다

놋다리는　무쇠다리　튼튼하고　튼튼하다

형님형님　사촌형님　손길잡고　올라가세

이다리는　뉘가놨노　부처님의　도술인가

천지풍구　대풍구로　춘왕정월　진목탄에

天地　風구 바람일으키는 풀무　春旺正月　　　眞木炭 참나무숯

동남풍　빌어다가　삼리화에　불을살워
東南風　　　　　　　　三離火
　참숯을 갔다가 동남풍을 빌려 큰불로 철을 녹이는 것. 봄에는 나무,
　여름은 불, 가을은 금이 주장한다

금강철을　뽑아낼제　천지도사　모였던가
金剛鐵 금의 강철　　　　　天地道師 천지의 큰 도사
　불이 철을 녹여 새로운 강철을 내는 것, 여름 불을 이기고 마침내 가을
　후천의 금이 나온다

이다리는　뉘다린가　경상도의　늦다리라
　'경상도'라는 지명은 고려 때 경주와 상주의 지명을 합한 것에서 유래한다

십오야　밝은달은　달도밝고　명랑한데
十五夜 15일 보름날 밤

우리대장　늦대장　　천지수단　손에있네
　　　　　　　늦大將 사람을 이끄는 대장　天地手段 천지를 주무를 재주

정첩지는　헛첩질세　바람대로　돌아가고
定僉知 선천에 미리 정해놓은 첩지는 가짜첩지이다.

얼른가서　자세보니　남의남산　무지갠가
　　　　　　　　　　　南山
　무지개는 하늘의 약속대로 도수가 돌아간다는 뜻

천지공사 시작할 때 우물가에 터를닦아

天地公事 하늘 땅의 도수를 새로 만드는 영적 공사.

우물가: 井邊새로운 천지공사는 물로부터 시작한다

구년홍수 막아낼제 차돌싸서 방천하고

九年洪水 천지공사 9년간의 재난　　　　　　　　　防川 둑을 쌓아 막음

　홍수난 둑을 막는데는 차돌이 가장 좋다. 차돌을 사람이름에 비유하기도
　한다

진심갈력 지내가니 우우풍풍 고생이라

盡心竭力 마음과 힘을 다해　　　　　雨雨風風 비바람 맞으며

고생 끝에 영화되고 각지불이 군자로다

苦生　　　　　　榮華　　　　　各知不移 각자 옮기지 않는 것을 안다

　고생 끝에 영광이 찾아오니 그 영광을 잘 간직할 줄 알아야 군자다

우리동포 건지랴고 남모른고생　지질하다

너와나와 손길잡고 같이가세 어서가세

어서가세 바삐가세 늦어가네 늦어가네

이다리는 뉘다린가 경상도의 놋다릴세

　경상도를 지역주의 관점에서 보아서는 안 된다. 놋다리는 사람과 사람을
　이은 다리이므로 이 사람에서 저 사람으로 넘어가는 도의 전수과정이
　중요한 것이다. 경상도는 후천의 대도를 상징하고, 또 한국을 상징한다

의심말고 어서가세 일심으로 건너가세

내손잡고 놓지말고 떨어지면 아니된다

우리오빠 매몰하야 왜이같이 못오는가
  부모형제와 같이 가려해도 운이 제각각이라 같이 가기 힘들다

우리서울 새서울 이리가면 옳게가네
  후천의 정신적인 새 서울은 다른 곳에 있다. 『주역』에 현룡재전(見龍在田)
  이라 하여 그곳을 천전(天田), 태전(太田), 대전(大田)이라 말하는 사람도
  있다. 특정한 지명을 암시하면서 대인(大人)의 큰 밭이라는 의미를 닦고
  있다

서출양관 무고인은 한번가면 못오나니
  西出兩關 서쪽으로 떠난 사람   無故人 이 땅에 연고가 없는 사람
  이 땅에 연고없는 사람이나 조상을 배반한 사람은 나중에 못 들어온다

가련강포 바라보니 타향타도 가지마라
  可憐江浦 들어오지 못하고 강변에서 서성이는 가련한 사람
  他鄕他道 다른 마을, 다른 도. 타도는 서양 종교를 말함

만국성진 일어날제 다시오기 어렵도다
  萬國腥塵 만국에 먼지와 티끌이 일어날 때, 대변혁기

지남지북 가지말고 앞만보고 건너가자
  之南之北 남으로 갈까 북으로 갈까

자머리에 불이나네 쥐불같은 말이로다
  子 쥐띠, 쥐에 불이나면 도망간다. 쥐불이 타면 소가 나타난다
  자는 선천의 자오선, 소(丑)는 후천의 축미선을 상징

하늘이   무너져도 솟을궁기 있었구나
　선천의 하늘이 무너지면, 후천의 새 하늘이 솟는다. '무너짐'은 선천,
　'솟아남'은 후천. 솟은 솥[鼎], 소[卯]의 등장을 상징

알자하니 창창하고 모르자니 답답하다
　　　　창창: 앞길이 멀고 아득하다

세상동요 들어보소 철천지   포원일세
　　　　　徹天之抱冤 하늘을 뚫을 정도의 원한을 품은

하우마련 된다더니 하우로써 해원하네
下愚 어리석고 못난 사람들.　　　　　解冤 원한을 푸는 것
　후천은 어리석고 못난 사람을 먼저 해원하여 풀어준다

부하고   귀한사람 해원할게 무엇인고

권리있고 잘난사람 그만해도 만족하고

유식하고 똑똑하면 그만해도 해원이지
　부귀자, 권세자, 학식자등은 그것으로 이미 소원을 풀은 것과 같다

시호시호 이내시호 해원시대 만났더라
時乎時乎 이때로다 이때로다

말도마오 말도마오 부귀자는 말도마오

저의해원 다했으니 들을이가 어데있나
　부귀를 얻는 것으로 이미 해원했으니 새 진리를 듣지 않는다

하날님이 정한운수 알고보면 그러하지

부하고   귀한사람 장래는   빈천이요
　그르므로 부귀한 사람일수록 조심하여야 한다

빈하고   천한사람 오는세상 부귀로다
　빈천한 사람은 미래에 부귀를 누리므로 더욱 조심하여 정진한다

괄세마라 웃지마라 빈천하다 괄세마라

고단하고 약한사람 길을찾아 들어오고

가난하고 천한사람 도를찾아 입도하고
　부귀로 해원못한 사람들이 진짜 도를 찾아온다. 마음이 가난한
　사람이므로 도를 간절히 찾는다. 물질이 풍요로운 사람일수록 도(진리)에서
　멀어진다

눈어둡고 귀먹은사람 해원하려 찾아드니

해원시대 만났으니 해원이나 하여보세

제가무엇 안다하고 요리조리 핑계하나
　부귀자, 권세자, 학식자등은 저 잘났다고 핑계만 대며 진리의 문에
　찾아오지 않는다

정한날이 어김없이 별안간에 닥쳐오니
　후천의 정한 운수가 하루아침에 닥쳐온다. 맑은 날 밤에 갑자기 눈이 오면
　꼼짝달싹하지 못하고 하늘에 갇힌다. 개벽의 날짜는 아무도 모르게
　찾아온다

닦고닦은 그사람은 해원문을 열어놓고

解冤門 후천으로 넘어가 소원이 성취되는 문

육부팔원 상증하재 기국대로 될것이오

六夫八元　　　　上中下才　　　器局 타고난 재능과 도량
　육부와 팔원은 14인의 뛰어난 영적 지도자(원효, 진묵 같은 분)

비장용장 상증하재 기국대로 되는구나

飛將勇將

장할시구 장할시구 육부팔원 장할시구

기장하다 기장하다 이내사람 기장하다

奇壯 기특하고 장하다

비천상천 하올적에 축천축지 하는구나

飛天上天 신선이 되어 하늘에 오름　縮天縮地 하늘땅을 자유자재로 함

풍운조화 품에품고 해인조화 손에있네

風雲造化　　　　　　　　海印造化
　바람과 구름을 부리는 것은 가슴에 있고, 해인을 부리는 것은 손안에 쥐어
　모든 것을 마음 먹은 대로 할 수 있다는 능력의 표시

도해인산 하올적에 태평양이 평지로다

渡海引山 바다를 건너고 산을 잡아당김　太平洋
　두 가지 조화의 능력으로 바다와 산을 마음대로 옮겨 태평양도 평지 땅이
　된다

무수장삼 떨쳐입고 무수중에 빗겨서서
舞袖長衫 펄럭이는 소매, 긴 적삼 舞手中

용천검   드는칼은 좌수에   높이들고
龍泉劍 참과 거짓, 선과 악을 심판하는 칼 左手 왼손

공선승   놋줄일네 우수에   갈라잡고
                          右手 오른 손에는 사람을 살리는 좋은 놋줄

만국문명 열어놀제 예의문무 겸전이라
萬國文明 후천의 새문명   禮儀文武 예의와 문무 兼全 아울러 갖춤

우수의   놋줄던져 죽은백성 살려주고

좌수에   용천검은 불의자를 항복받아
          龍泉劍   不義者
  수운 선생도 용천검으로 개벽의 칼춤을 추었다

천동같이 호령하니 강산이   무너지고
天動   號令   江山

인의예지 베푼곳에 만좌춘풍 화기로다
仁義禮智   滿座春風 온 자리가 봄바람 和氣
  인의예지를 잘 실천한 사람은 곳곳마다 봄바람의 화한 기운이 돈다

장할시구 장할시구 부귀도   장할시구

부귀도   장하지만 도통인들 오죽할까

부귀도 장하지만 도통은 더욱 더 장하다

좁고좁은 도화뜰에 만국병마 진퇴로다
　　　桃花 복숭아꽃, 선경의 땅　萬國兵馬 만국의 군사
도통줄이 내리는 신성한 도화 뜰에는 만국의 군대가 물러간다

청천같은 대동세계 화류구경 더욱좋다
青天 푸른하늘　大同世界 평화의 한 세상　花柳求景 꽃과 버들나무

구경났네 구경났네 도임행차 구경났네
　　　　到任行次 임무를 받고 행차한다
개벽의 사명자들이 천명을 받고 부임지에 행차하여 포덕천하를 이룬다

도임행차 하실적에 천지만물 진동한다
개벽을 맡은 사명자들의 발걸음이 천지와 하나되어 천지를 진동시킨다

어떤사람 저러하고 어떤사람 이러한가

어제보던 저사람은 불감앙시 어떤일고
　　　　不敢仰視 감히 우러러보지 못함
천명을 받아 도임행차하니 눈이 부셔 그 사람을 감히 바라 볼 수 없다

이내포원 어이할가 철천지　　　포원일네
　　　　徹天地　　　抱冤
개벽을 비웃다가 개벽의 사명자에서 낙오되니 너무도 억울하다

오만년을 정했으니 다시한번 때가올가
五萬年 후천 5만년동안.
5만년 받은 운수이니 다시 그런 때가 오겠는가. 후천 5만년은 인류역사에

다시 못올 절호의 기회이다. 아무래도 다시 오기 어렵다

웃어봐도 소용없고 울어봐도 소용없다

피를토코 통곡하니 애통터져 못살겠네
　　吐　　　痛哭　　　　哀痛 슬퍼하고 가슴아파함

철천지　　포원일세 다시한번 풀어볼가

그만일세 그만일세 한탄한들 어이할가

형님형님 사촌형님 같이가자 권고할제

게으르다 칭탈하고 바쁘다고 칭탈하고
　　　　　　稱頉 핑계를 대어 모면하는 것
　후천으로 같이 넘어가자고 권할 때는 이핑계 저핑계로 회피하다가

부모만류한다 칭탈하고 남비웃는다 칭탈하고
　부모가 못가게 만류한다고 핑계대고, 남들이 비웃는다고 핑계대고

이탈저탈 비탈인가 오늘보니 대탈일세
　　　頉 핑계나 트집

나의힘에 내가넘고 살자하니 포원일세
　나의 꾀에 내가 넘어지고, 살기는 살았지만 원통함이 가득하네

형님형님 사촌형님 이내팔자 어이할까
　개벽의 대열에 동참하지 못한 자와 동참한 자 두 편으로 나뉜다

형님형님 사촌형님 이내운수 좋을시구

우리양반 밭갈더니 오늘부터 서울양반

우리양반 초동목수 오늘보니 어사낭군
         樵童木手 땔나무꾼   御史郎君 어사또
 개벽에 진심으로 동참하면 어제의 나무꾼이 오늘의 어사또로 된다

우리양반 병든양반 오늘보니 선관일세
                              仙官 신선의 관리

우리양반 먼데양반 신선되어 다시왔네
                  神仙

극락세계 되고보니 신명인사 일반일세
極樂世界   神明人事 신명의 일이나 사람의 일
 지상이 극락선경으로 되면 하늘 일이나 땅의 일이나 다를 바 없다

지성감천 아닐런가 만나보기 어렵거든
至誠感天 지극한 정성으로 하늘을 감동시킴

이내성심 지극하니 죽은나무 꽃이피네
        誠心 정성스런 마음
 하늘이 주는 기회를 다시 만나기 어렵지만, 정성이 지극하면 죽은
 나무일지라도 다시 소생할 수 있다. 뉘우치고 일심으로 공부하면 하늘이
 한번의 기회를 더 준다는 뜻. 하늘이 마지막으로 정성이 있는 자에게는
 자비심을 베푼다

부처님의 도술인가 하날님의 도술인가
 미륵불의 도술인가 옥황상제님의 도술인가? 결국 둘은 같은 분이다.

처음에 도를 전해 준 스승의 말씀에 따라 부처님과 하날님의 구별이
생겼을 뿐, 본래 천도의 영적 관점에서는 하나라고 말할 수 있다

꿈도같고 생시도같네 이런일이 어디있나

꿈속인지 현실인지 의심날 정도로 아주 좋은 일이다. 죽은 줄 알았더니
정성이 지극하고 하늘의 은총으로 다시 살아나니, 이런 기적이 있을 수
있는가

이다리가 뉘다린가 경상도의 놋다리라

이렇게 후천 개벽의 선경 세상을 처음 건너준 다리가 바로 경상노 경주
출신 최수운의 놋다리가 아닐까?

천상선관 전한도를 이내노래 지어내어

天上仙官 하날님 곁에 계신 선관이 세상에 전해 준 진리

너의창생 건지라고 언문가사 전해주니

諺文歌辭 우리말로 쓴 노래가사. 『용담유사』 또는 『채지가』를 의미하는 듯

이내말을 웃지말고 자세자세 살펴내여

비록 한글 가사이지만 비웃지 말고 자세히 살펴 일심으로 공부하라

일심공부 하여가서 해원이나 하여보소

一心工夫 한 마음으로 정성을 다하는 공부

공부의 목적은 하늘로부터 해원을 받아 신선의 몸을 받는 것. 해원사상은
증산 선생에 이르러 구체화 되었다

한번가면 그만이지 어느때나 다시올까

5만년 만에 찾아온 후천세상은 한번 들어가면 성공하는 것이지 다시

오기를 기다릴 것이 없다

좋은길을 보게되면 너의길이 갈가보냐
　후천 선경의 좋은 길을 볼 것이니, 네가 갈 길이 어디로 도망가고
　없어지는 것이 아니다

손을잡고 놓지말고 좋은때를 기다려라 ☯
　한번 도와 인연맺은 손을 놓지 말고 따라가면 좋은 때가 절로 온다

주1) 철교 :

철교(鐵橋)는 인교(人橋)이다. 사람이 몸으로 놓은 다리[橋]를 말한다. 다리[足]가
아니다. 놓은 다리가 튼튼하여 놋쇠다리로 변해 동교(銅橋)라고도 한다. 놋쇠는
누런색이므로 황교(黃橋)라고도 한다. 이 놋다리노래는 무형문화재로 지정돼
있다. 3대 여성 문화재로는 놋다리밟기, 강강술래, 영덕 월월이청청이 있다.

주2) 육부팔원 :

수운교에서 말하는 육부와 팔원(六夫八元)은 다음과 같다.
6부-원효 의상 윤필 지공 나옹 무학
8원-서산 진묵 도선 자장 보조 다담 영원 사명당

제2부 가을바람

五. 칠월식과(七月食瓜)

「남강철교」와 편집순서를 바꾸었다. 7월 삼복 더운 달에 참외(瓜)를 먹는다는 뜻이다. 참은 그 이치가 참되다는 뜻이다. 짧은 참외를 당종이라 하고, 긴 참외를 물통이라 한다. 가운데를 자르면 금빛 씨가 나오고, 그 살은 꿀맛이다. 7월은 여름에서 가을로 넘어가는 과도기이므로 과일의 별미인 참외를 먹으며 여름을 마감하고 후천 가을을 기다리는 것이다.

수운 선생의 생애를 통해 1860년 4월부터 후천운수가 어떻게 시작되는가를 알리고, 복희팔괘 문왕팔괘 정역팔괘로써 우주변화의 원리를 단계적으로 밝혀주고 있다. 후천시대는 인존시대이며, 지천태운이며, 정역시대이다. 앞에서 말한 나무꾼이 어사또로 해원하고, 병든 자가 신선되는 해원시대가 구체화된다.

참외는 또 오이(瓜)이므로 오·이는 5와 2이니 더하면 7이요, 곱하면 10이다.

핵심어 : 복희선천, 하도용마, 목신사명, 황극운, 오십토, 음양난잡, 후천운수,

인존시대, 정역, 지천태괘, 초복중복, 산택통기, 삼인일석, 추분도수, 수토복통,

만사지, 솔처자환서지일, 경신사월, 만목일시

☯

삼복경염 저문날에 북창청풍 잠이들어

三伏庚炎 삼복은 여름의 庚日에 들어 가장 더운 날   北窓淸風『정역』의 말

 삼복이 다 지나가는 더운 날 북쪽 창가의 맑은 바람이 불어온다. 삼복은

 양력 6월 하지로부터 세 번째 경일(庚日)에서 시작된다

한꿈을   이루어   글귀한수 받았더니

칠월식과 글넉자라 해석하라 분부하네

七月食瓜 7월의 참외

그뉘신지 몰랐더니 우리동방 선생일네

東方先生

자세자세 외운글귀 넉넉히도 생각나서

꿈을깨서 기록하니 이러하고 이러하다

복희선천 어느땐고 춘분도수 되었구나

伏羲先天 복희씨의 선천팔괘도   春分度數 봄도수

 복희씨의 선천 팔괘는 봄의 도수와 같다

하도용마 나설적에 천존시대 천도로다

河圖龍馬 용마가 하도를 지고나옴   天尊 하늘 높임   天道

하도가 나온 선천 복희시대는 봄이며 하늘 높임의 천존시대

건남곤북 하올적에 이동감서 되었구나

乾南坤北 건은 남쪽, 곤은 북쪽　　離東坎西 이는 동쪽에 태는 서쪽에
　이는 복희팔괘의 근본 자리를 말한 것이다

목신사명 하올적에 근본본자 봄춘자요

木神司命 목이 책임을 맡음　　　　根本本字　　　　春字
　봄은 계절의 으뜸이요, 근본이다. 봄이므로 목신이 책임을 맡는다

선천팔괘 희역인데 천지비괘 되었더라

先天八卦　　　　羲易 복희씨의 역　天地否卦 하늘은 위에 땅은 아래에 막힌 괘
　복희선천팔괘는 그 괘상이 하늘은 남쪽 위에 있고 땅은 아래 북쪽에
　있으니 하늘과 땅이 막힌(비색한) 비괘의 모양과 같다

황극운이 열렸으니 구십이　　　중궁일세

皇極運　　　　　　　　　九十　　　　中宮
　9는 복희팔괘의 중앙 수, 10은 하도의 중앙 수

건곤정위 감리용사 성인에게 명이된다

乾坤定位 하늘 땅이 남북에　坎離用事 감리가 동서에　聖人　命
　복희팔괘의 용사는 복희씨 성인이 맡은 하늘의 명이다

문왕팔괘 화자운수 화신사명 여름하자

文王八卦　　　　火字運數　　　　火神司命　　　　夏字
　문왕팔괘도에서 離괘 불이 남방을 지키므로 불의 사명을 맡음

이남감북 지팔괘는 진동태서 되었구나

離南坎北 불은 남, 물은 북　　　震東兌西 우레 동, 못은 서
　복희팔괘가 하늘중심이라면 문왕팔괘는 땅의 팔괘로 남북이 불과 물이다.
　복희팔괘가 천존(天尊)이라면, 문왕팔괘는 지존(地尊)이다

화수미제 마련하니 오십토가 중궁이라

火水未濟 64괘의 끝. 아직 건너지 못함　五十土 중앙토　中宮
　문왕팔괘는 화수미제의 운. 낙서는 토가 중앙이긴 하나 10이 없이 5가
　홀로 지킨다

희역이　주역되니 음양난잡 시대로다

羲易 복희역　　周易　　　　陰陽亂雜 아버지가 장녀와 마주하는 혼란
　희역에는 아버지와 어머니가 마주하였으나 문왕주역에 와서 음양이
　무질서하게 섞임. 음양을 고루게 다스리는 것이 개벽이다

중이열이 실위하고 영웅호걸 득위로다

中　　十　　失位 자리를 잃음　英雄豪傑　　得位 위를 얻다
　하도의 10이 낙서에는 자리가 없다. 중앙에 10이 없자 3남3녀가 중심이
　된다

선천운수 돌아가고 후천운수 돌아오네

　낙서와 문왕역의 선천이 끝나고 새 운수가 온다. 낙서와 문왕팔괘는
　하도와 복희팔괘에 대해서는 후천이나 진정한 후천은 아니고, 『정역』에
　이르러 후천이 전개된다

인존시대 되었으니 주역이　정역된다

人尊 사람을 극히 존중함　　　周易 문왕 주역　正易 바른 역, 일부역
　『주역』이 새 『정역』으로 바뀌니　하늘 땅에 이어 사람시대로 들어간다.
　김일부의 『정역』은 사람존중 사상의 인존역(人尊易)이다

지천태괘 되었으니 금신사명 하실적에

地天泰卦 땅이 위로 하늘이 아래로 사귀는 태평을 상징

金神司命 금신이 주도권을 가지는 후천을 의미함

　하늘기운이 아래로 내려가고, 땅기운이 위로 올라가 교합하니 지천태의
　태평함이 이루어진다. 이것이 후천의 새 세상이다

가을가을 노래하니 추분도수 되었구나

歌乙歌乙　　　　　　　　　　秋分度數 가을도수

　선천 여름이 후천 가을로 넘어가니 음의 금신이 주도하는 金神시대.
　가을은 음(陰)이요, 을(乙)이다

신유금풍 찬바람에 만물성숙 되었구나

申酉金風 신은 양금, 유는 음금　萬物成熟 만물은 금의 찬바람에 성숙한다

　음기운은 응축 수렴하는 작용을 하므로 만물의 열매를 맺게 한다

초복중복 다지내고 말복이　　이때로다

初伏 하지후 세 번째 경일, 네 번째 경일이 중복,　末伏 입추후 첫 경일

　여름 뜨거운 火기운 앞에 가을 金기운이 엎드리는 것이 伏(복)

곤남건북 하올적에 간동태서 되었구나

坤南乾北 곤이 남, 건이 북쪽에　艮東兌西 간이 동, 태가 서쪽에

　새 정역팔괘는 후천 가을의 괘이니 땅이 남쪽 위로 가고, 하늘이 북쪽으로
　내려오고, 또 산이 동쪽에 가고, 못이 서쪽에 간다

천지정위 하올적에 산택통기 되었구나

天地定(正)位 하늘 땅이 자리를 다시 정하고　山澤通氣 산과 못이 기운을 통한다

후천 정역팔괘도에서 땅과 하늘이 바로 서니 산과 못, 우레와 바람이 무궁한 조화를 이룬다. 이것은 지축이 정립된다는 암시이다. 복희팔괘는 형상적인 천지정위이고, 정역팔괘는 원리적인 천지정위이다

이칠화가 중궁되니 오십토가 용사하네

二七火　　　　中宮 중앙의 자리　五十土　　　　用事
　여름의 불이 정역괘의 중앙에 들어오고, 그 불이 남북에 서있는 토를 火生土하여 상생한다

수생화가 생금하니 상극이　　상생된다

水生火　　　　　火生金　　　　相克 서로 극하고 제지함　相生 서로 살림
　水克火가 水生火로, 火克金이 火生金으로 오행의 운행이 바뀐 상생시대가 열린다

갑진이　　해가되니 동이북이 되단말가

甲震 동방 진괘　亥 서북방　　　東　　北
　우레 진괘가 문왕도에서 동방에 있다가 정역의 서북쪽으로 자리를 옮긴 것을 말한다

무기가　　용사하니 불천불역 할것이오

戊己 무는 5. 10은 기　　　　不遷不易 옮기지도 바뀌지도 않음
　5곤 10건이 바르게 서니, 하늘과 땅은 더 이상 자리를 바꾸지 않는다

비운이　　태운되니 무극운이 열렸구나

否運 비괘의 막힌 세상　泰運 태괘 세상　無極運 완전 10수의 세상
　땅과 하늘이 위 아래에 바로서니 완성의 10수 무극 세상이 된다. 선천의 막힌 천지비운이 후천의 지천태 운으로 다시 열린다. 이것이 무극운의 후천개벽이다

쇠병사장 없었으니 불로불사 선경일세

衰病死葬 쇠하고 병들고 죽고 장사지내고 　不老不死 늙지도 죽지도 않음
　완성의 10무극 세상이 오니 쇠병사장이 없는 지상선경이 이룩된다

유불선이 합심하니 삼인일석 닦아서라

儒佛仙 유교 불교 선교 　合心 　　三人一席 세 사람이 한 자리에 앉음[닦음]
　유 불 선이 합해 새로 하나되어 한 자리에 앉아 수련 수도하니 아름답다.
　三人一席은 또 三人一夕[修]으로도 본다

여름도수 지나가고 추분도수 닥쳤으니

　여름은 꽃피는 불기운 도수, 가을은 열매 익는 금기운 도수

천지절후 개정할제 오장육부 환장이라

天地節候 　　　　改定 　　　　五臟六腑 　　　換腸
　여름에서 가을로 넘어가면 양에서 음으로 바뀌므로 오행(오장)의 순환에도
　변화가 온다

수도복통 하올적에 임사호천 급하더라

水土腹痛 물과 흙이 바뀌면 배가 아프다 　臨死號天 죽음에 임하여 하날님을 부른다
　水와 土가 바뀐다고도 말하는데 문제는 중앙 土 자리가 변한다는 것이다.
　아무튼 중앙에 큰 변화가 온다. 중앙에 水가 들어갔다가 다시 水는
　근본으로 돌아가고 결국에 수생목(水生木)에 따라 木이 들어간다

구년홍수 물밀듯이 몸돌릴틈 없었구나

九年洪水
　9년간 홍수가 한꺼번에 밀려오듯 복통의 괴질로 몸돌릴 틈없이
　혼비백산한다. 9가 넘쳐야 10수로 간다

이재전전 찾아가니 일간고정 높이짓고

利在田田 이로운 밭중의 밭　一間高亭 한칸 높은 정각, 또는 작은 천궁을 상징
　이로움이 밭에 있다는 말은 『정감록』의 핵심진리이다. 밭은 낙서의
　정전도와 관계있고, 농부를 상징하며, 개벽의 새 땅을 상징한다. 하늘
　정한 밭이므로 天田이라 한다

사정사유 기둥세워 오십토로 대공받쳐

四正四維 네 정방,네 모퉁이　　　五十土　　　　대공: 마룻보를 받치는 짧은 기둥
　복희팔괘로 8방에 8괘 기둥세우고, 하도 오행으로 중앙에 대공을 받친다

정전에　　터를 닦아 십십교통 터를 내고

井田 우물정자로 밭을 9등분함　　＋＋交通 상하좌우 대각선으로 통함
　낙서 9궁 정전법에 따라 상하좌우 대각선으로 각각 합하면 15수가 나온다

주인첩지 누구신고 십오진주 아니신가

主人僉知 나이많은 9궁의 주인　　＋五眞主 15수를 얻은 자가 주인공
　『정역』의 관점에서 보면 낙서의 9궁, 15진주는 후천의 진주가 아니고
　선천여름을 마감하는 책임을 맡은 마지막 진주이다

여보첩지 불러와서 참외한개 맛을 보세

　도반(道伴) 도우(道友)를 불러서 선천의 마지막 진주 앞에서 참외 맛을 본다

이말듣고 일어앉아 남의남천 바라보니

南　　　南天

　참외 맛을 보고 한 여름 남천을 바라보니 어느덧 해가 오전에서 오후로
　넘어가는구나. 오전은 선천, 오후는 후천, 점심때는 중천이다. 지금이 바로
　점심때이다

석양은   재산하고 오동은   낙금정이라

夕陽 저녁에지는 해 在山 산에 있음 梧桐 나무 落金井 금정에 떨어짐

　석양은 해가 지는 후천 음시대, 오동은 가을열매이니 금정에 떨어진다

화색은   토기금정이오 과채는 수기월정이라

花色 참외꽃   土氣金精   瓜體 참외열매 水氣月精

　참외꽃색은 황색 토기로 금의 정기를 머금고, 열매는 수기로 달의 정기를
머금다. 토생금(土生金) 하므로 참외 속에 이미 가을 금기운이 들어 있다

갑인종어 진월이오 경신장어 미월이라

甲寅種於 辰月 오이는 3월에 씨뿌리고 庚申長於 未月 6월에 자라 따 먹는다

　이 노래 지을 당시로 보면, 갑인년(1914년)에 씨뿌리고 경신년(1920)에 크게
자란다는 암시가 들어 있다. 미래사로 보면 2034, 2040년도 가능하다

굵고단걸 따서보니 시가금이 십오로다

　　　　　　　時價金 현 시세금 十五

　참외 시세가 15원이니 참열매는 15진주다. 15진주는 선천마지막 끝수이다

인구유토 앉아서   삼인일석 닦아내서

人口有土 앉을 坐자   三人一席(夕) 세 사람이 한 자리에 앉음

　참외를 앉아 닦아먹듯이 대도(大道)도 앉아(坐) 저녁(夕)에 수련(修鍊)을 한다.
삼인은 유, 불, 선을 상징하니 마지막에는 유불선 합일이 이루어진다

위로깎고 모로깎고 맛을보고 다먹은후

　참외를 먹는 것처럼 대도도 이리저리 깎아보고, 맛을 보고 시험한다

여보여보 첩지   쓰구나   달구나

한 여름 참외도 쓰고 단 것이 있듯이 선천 말기에 나온 대도도 마찬가지로
어느 것은 달고, 어느 것은 쓰다

첩지허허 하는말이 이내말씀 들어보세

여보여보 하였으니 적자지   여보로다

如保如保 赤子之如保 갓난아이를 보호하는 것(대학 강고(康誥))
 여보라 부르는 것은 임금이 백성을 사랑하라고 부르는 것

첩지첩지 하였으니 만사지   첩지로다

僉知 다 첨, 알 지.   萬事知 만가지를 안다
 첨지를 부르는 것은 동학의 주문인 '만사지'를 부르는 것과 같은 뜻이다.
 결국 첨지나 만사지나 다 하날님을 아는 것이다

쓰구나   하였으니 설립밑에 열십자네

쓰다: 매웁다, 매울 辛(신)은 설 립(立)에 열 십(十)을 합한 글자요
 쓰다는 말은 동학을 보고 사람들이 이러쿵 저러쿵 한 일을 비유한 것으로
 결국 천간 辛(신)년을 의미

달구나   하였으니 서중유일 아닐런가

달구나, 닭이구나 닭 유(酉)는 西中有一서녁 西에 한 一을 합함
 辛자와 酉자를 합하니 辛酉년(1861년)에 처음으로 수운 선생이 동학을
 포덕하기 시작했다

솔처자   환서지일은 기미지   시월이오

率妻子 還捿之日 처자를 거느리고 고향에 돌아옴
己未之 十月 1859년 10월
 수운 선생이 득도를 하지 못해 팔도를 주유하다 고향 경주 용담정에 다시

돌아 온 날이 1859년 10월이다. 이후 6개월여만에 무극대도인 동학이
새문을 열고 나온다

승기운　　도수지절에 경신사월 초오일은
乘其運 道受之節 운을 타서 도를 받은 때는
庚申四月 初五日 경신(1860)년 4월5일
　경신 1860년 4월5일은 동학이 세상에 태어난 날이다

현현묘묘 현묘리오 유유무무 유무중이라
玄玄妙妙玄妙理 현현하고 묘묘한 현묘의 이치
有有無無 有無中 있고 있고 없고 없는 있고 없는 가운데

조을시구 조을시구 시구시구 조을시구
鳥乙 후천의 새 乙자　　　　　矢口矢口　　　鳥乙矢口
　矢+口는 합하면 알 知, 도통으로 萬事知를 얻는 것이 최상의 좋은 것,
　좋다(조을)는 말속에 또 하나의 비밀이 숨어 있다

좌궁우궁 궁을일세 궁을보고 입도하소
左弓右弓 (◖) + (◗)　　　　　弓乙　　　入道 도에 들어감
　좌궁은 양, 하늘, 우궁은 음, 땅. 동학의 궁을기는 좌궁 우궁이 마주본 것,
　궁을은 하늘과 땅이 하나된 것, 또는 하나로 통한 것

반구재수 알았거든 궁을보고 도통하소
反求再修 돌이켜 구해 다시 닦음 弓乙　　　　道通
　선천의 진리에 현혹되지 말고 후천의 새진리인 궁을을 보고 도통하세. 이
　'반구재수'라는 말에 여러 가지 이설이 있다

넘고보니 태산이오 건너가니 대강일세

泰山 공자가 올랐던 산, 地天泰卦의 산

大江 대천의 큰 강, 원위대강의 大降

　흔히 '대강대강한다'는 말은 대강(大綱)이니, 또 대강(大降)을 연상시킨다

산산수수 다지내고 일로통개 길이있네

山山水水 이산 저산, 이 물 저물　一路洞開 한 길로 뚫려 열리다

　여기저기 다 돌아다니고 마지막 만난 한 길은 바로 동학이다

쉬지않고 가다보니 탄탄대로 여기있네

坦坦大路

고대춘풍 급해마라 때가되면 절로온다

苦待春風 몹시 기다린 봄바람

　너무 간절히 기다리면 조급증에 걸릴 수 있다

홀연춘풍 취거야에 만목일시 개화로다

忽然春風 吹去夜 홀연히 봄바람 불고 지나간 뒤에

萬木一時 일만 나무 일시에 꽃이 피다

　봄바람이 불고나면 누구나 다 일시에 꽃이 피듯이 사람마다 차별없이

　도통한다. 그래야 원한이 남지 않는다

시호시호 이차시호 부재래지 시호로다 ☯

時乎時乎 때로다　是此時乎 이때로다　不再來之 다시오지않는

　이때로다 이때로다 다시오지 않는 후천 개벽의 때가 바로 이때로다. 후천

　맞이는 각자의 수련수도에 의해 열매가 주어지지만, 그런 중에 조급히

　서두르면 큰일을 그르칠 수 있다. 하늘의 때에 맞추어 가야 한다. 가을은 음의

　결실을 의미하니, 가을나무에 열매가 열리듯이 때에 맞추어 후천개벽은

　열린다. 그러나 여름에 김을 매지 않은 자에게 가을은 오지 않는다

주1) 삼복 :

삼복(三伏)은 초복, 중복, 말복으로서 1년 중 가장 더운 기간으로서 흔히 삼복더위라고 한다. 삼복은 음력 6월에서 7월 사이에 있는 속절(俗節)로 양력 하지가 지난 뒤 셋째 경일(庚日)을 초복(初伏), 넷째 경일을 중복(中伏), 입추(立秋)가 지난 뒤 첫째 경일을 말복(末伏)이라 한다. 이 삼복은 3번의 경일을 맞이하여 삼경일(三庚日)이라고도 한다. 여기서 경일은 10간(干)인 甲(갑), 乙(을), 丙(병), 丁(정), 戊(무), 己(기), 庚(경), 辛(신), 壬(임), 癸(계)의 7번째인 경(庚)일을 말한다. 복날은 10일 간격이니 초복에서 말복 까지 20일 동안이 한여름의 고비다. 입추가 늦어지는 해엔 중복과 말복 사이가 20일 간격이 되어 한 달간 푹푹 찌는 가마솥더위를 견뎌야 한다. 이처럼 예년보다 10일 늦게 돌아온 말복을 가리켜 월복(越伏)이라고 부른다. 복날이 '건너뛰었다'는 말이다.

복(伏)은 중국 후한(後漢)의 유희(劉熙)가 지은 사서(辭書) 『석명(釋名)』에 따르면 '가을의 서늘한 금기(金氣)가 여름의 화기(火氣)가 두려워 엎드려 감춘다(복장·伏藏)'는 뜻에서 생겨난 말이라고 한다. 최남선은 '조선상식(朝鮮常識)'에서 복을 '서기제복(暑氣制伏)'이라 풀이하여 더위를 피하는 게 아니라 더위를 정복한다는 의미가 담겨 있다.

복날이 돌아오면 조선시대 궁중에서는 빙표(氷票)를 주어 얼음을 보관하는 창고인 빙고(氷庫)에 가서 얼음을 타가게 하였다. 일반서민들은 산간계곡에서 발을 담그는 탁족(濯足)과 함께 여름과일과 음식을 먹으면서 더위를 이겼다고 한다. 그래서 참외가 나온 것이다.

주2) 화기(火氣)와 금기(金氣) :

화기(火氣)와 금기(金氣) 사이에 놓여 있는 토기(土氣)는 네 가지 중에 음력 6월 미토(未土)이다. 가을의 금기(金氣)는 여름의 뜨거운 화기(火氣)를 견디지 못한다. 그래서 미토에 이 화기를 감추는 것이다. 그것이 삼복이다. 미토(未土)의 사명은 삼복을 잘 넘겨 금시대를 여는 것이다. 그래야 봄 여름의 분열생장시대를 멈추고 가을의 응축수렴시대로 들어가게 할 수 있다.

그런데 여름 말기의 뜨거운 열기로 인해 미토는 마른 조토(燥土)가 된다. 이 조토를 적시기 위해 7월 장마가 온다. 간혹 지나가는 소나기 홍수물이 다 이런 뜻으로 내린 것이다. 따라서 금화 교역기에는 수기운이 미토를 살리는 단비가 된다. 나아가 금까지 살리는 보조적 작용을 한다. 물이 대지의 구세주인 것이다.

이렇게 장마물을 머금은 미토(未土)는 화(火)와 금(金)의 가교역할을 하며 화를 눌러 금을 맞이하는 한편으로 나무를 자라게 한다. 미토는 한 여름내내 화극금(火克金)으로부터 '오는 금'을 보호하여 낳기 위해 불을 억누르며 삼복을 지냈으나, 막상 금이 가을 문턱을 넘어 들어오는 순간부터는 금극목(金克木)으로부터 나무를 보호하기 위해 억세진 금을 도리어 억누리지 않을 수 없게 된다. 이것이 토의 기구한 운명이다. 여름에는 금을 보보하기 위해 불을 누르고, 가을에는 나무를 보호하기 위해 금을 누르는 것이다. 오직 물만이 영원한 토의 동반자로서 토의 일을 돕는다. 토극수(土克水)가 수생토(水生土)가 되는 것이다. 그러나 토가 나무를 도울 수 있는 것은 시간상 한계가 있다. 미토가 역할을 다할 수 있는 기간은 6월 한 달 밖에 아니 되고, 7월이 오면 금세상이 되므로 부득이 토는 나무를 위해 그 자리를 물려주지 않을 수 없다. 토는 나무를 살려 열매를 맺는 것이 유일한 목적이기 때문이다. 여기에서 토의 결단이 일어난다. 이것을 '木土(목토)의 變易(변역)'이라 한다. 이에 관해서는 필자의 졸저『주역과 동학의 만남』(모시는사람들) 참조.

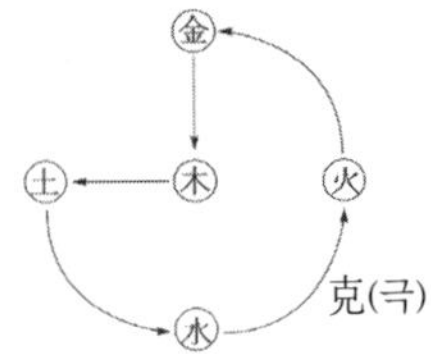

상균도(相均圖) : 후천 낙서(상극)의 원리도

이때 인간은 양적(陽的)인 존재로서 음적(陰的)인 존재인 신(神)과 상합(相合)을 하여야만 가을세상의 금기(金氣)를 무사히 받아낼 수 있는 것이다. 이것은 마치 꽃의 암수가 결합해야 열매를 맺고, 장성한 남녀가 결혼을 해야 어른이 되는 것과 같은 이치이다.

六. 춘산노인 이야기

☞

「춘산노인(春山老人)이야기」는 『채지가』를 실질적으로 마무리하는 노래이다. 그래서 『채지가』를 『춘산채지가』라고도 부르는 것이다. 주역에도 80노인이 나와 후천을 맞이하는데, 후천의 길잡이 역할을 하는 노인이 춘산 노인이다.

따라서 춘산노인이란 말 그대로 후천의 새봄을 여는 노인이란 뜻이다. 선천의 역사를 돌아보고 미래 후천의 역사를 예측하고 있다. 복록은 위에서 아래로 내려오니 선령신을 잊지 말고 부모 공경할 것이며, 사람은 속일 수 있어도 신명은 속이지 못하니, 수신수덕에 열심이어야 한다. 부자유친이요, 형제일신이나 운수를 받는 것은 제각각이다. 하날님이 정하신 춘말하초(春末夏初)는 어김없이 찾아오니 각자 후천에 대비하여 옥을 갈아 광채를 내야할 책임이 있다.

핵심어 : 반고인, 삼황, 오제건곤, 금수시대, 삼강오륜, 선령신, 부모공경, 도성덕립, 지기금지, 개명장상, 춘말하초

☯

천황지황 개벽후에 인황시대 언제런가
天皇地皇　　　開闢後　　　　人皇時代
　태고의 선천이 개벽한 후로 천황, 지황, 인황의 삼재 시대가 열렸다

반고인이 지낸후에 삼황시대 이때로다
盤古人 반고씨, 천지창조의 신인　三皇時代
　반고를 최초의 창조적 인간으로 묘사한 책은 중국의 『삼오력기』이다.
　반고는 창조주가 아니다. 우주를 창조한 반신(半神)반인(半人)으로 그가 죽자
　눈이 변해 처음으로 해와 달이 나왔다고 전한다

삼황시대 지낸후에 오제건곤 어느땐고
　　　　　　　　　　　五帝乾坤 요순 같은 시대

오제건곤 지내가고 왕패시대 되었구나
　　　　　　　　　　　王覇時代 우왕, 탕왕, 무왕 등

왕패시대 지나가고 이적금수 운수로다
　　　　　　　　　　夷狄 오랑캐　禽獸 날짐승과 들짐승
　태고로부터 삼황-오제-왕패-이적금수의 시대로 전개되는 역사의
　타락단계를 설명한 것이다

이적운수 지나가고 금수운수 이때로다
　중국의 청나라까지는 오랑캐시대, 청나라 이후는 금수시대. 청나라는
　1616년부터 1911년까지이므로 20세기 초부터 금수시대

개벽후에 몇만년에 금수시대 당했구나

開闢後 선천개벽후 5만년만에　　禽獸時代 약육강식, 황금만능시대
　강자가 약자를 지배하고, 돈이 양심을 장악하는 짐승같은 시대

금수생활 저사람아 정신차려 생각하소

천지지간 만물중에 가장귀한 사람일세
天地之間　　　萬物中　　　　　貴
　사람은 가장 귀하고 신령한(最貴最靈)의 존재로 '최령자'라 한다

인사를　　닦자하니 삼강오륜 으뜸일세
人事　　　　　　　三綱五倫 세 가지 벼리와 다섯 가지 인륜질서

삼강은　　무엇인고 임금은 신하의 벼리요
三綱 君爲臣綱 임금과 신하, 父爲子綱 아버지와 아들,
夫爲婦綱 남편과 아내사이에 지켜야할 가장 떳떳한 세 가지 도리

아비는 자식의 벼리요 가장은 아내의 벼리요
　벼리란 그물의 위쪽 코를 꿰어 오므렸다 폈다하는 가장 중요한 줄. 이처럼
　아버지는 자식에게 가장 소중한 존재이며, 남편은 아내에게 가장 소중한
　존재

그물코가 많지마는 벼리없이 아니되고
　그물코는 많지만, 가장 중요한 벼리가 없으면 그물 역할을 못한다

나뭇가지 많은나무 뿌리없이 어이살고
　뿌리없는 나무는 클 수 없다. 조상은 뿌리다

삼강을　　밝혀낼제 오륜은　　무엇인고

군신유의 부자유친 부부유별 장유유서
君臣有義　　　父子有親　　　夫婦有別　　　長幼有序
　임금과 신하는 의리, 아버지와 아들은 친함, 부부간에는 구별, 어른과
　아이는 차례, 친구간에는 믿음이 있어야하는 근본 질서

붕우유신 그가운데 믿을신자 체가된다
朋友有信　　　　　　　　　信　　　　　　　體
　다섯 인륜도덕 중에 믿음이 가장 중요한 체가 된다

수화목금 그가운데 오십토가 체가된다
水火木金　　　　　　　　五十土　　　　　體
　인륜중에서 믿음이 가장 중요하듯이 오행중에서는 흙 土가 중요하다

나무도 흙이아니면 어느곳에 배양하며
　木克土(목극토)하니 나무가 흙에 뿌리를 내린다

물도흙이 아니면　　어느곳에 가둬노며
　土克水(토극수)하니 제방뚝이 물을 가둔다

금도흙이 아니면　　어느곳에 생성하며
　土生金(토생금)하여 흙속에서 금이 나온다

불도흙이 아니면　　어느곳에 비치리오
　火生土(화생토)하여 불의 재가 흙을 낳으니 흙은 불을 받쳐준다

인의예지 사단중에 믿을신자 으뜸이라
仁義禮智　　　四端 네 가지 마음씨　　信
　인륜에서 가장 중요한 덕목은 인의예지신 중에 믿음이다. 사람의

본성(本性)에서 우러나는 네 가지 마음씨에 믿음을 넣어 五常(오상)이라
한다

믿을신자 신없으면 매사불성 되느니라
　信　　　信　　　　　每事不成 일마다 이루지 못함

춘하추동 사시절은 천지의　　　신용이오
春夏秋冬　　　四時節　　　天地　　　信用
　봄 여름 가을 겨울이 분명하게 찾아오니 이는 하늘 땅이 만물에게 지키는
　신용과 같다

한래서왕 불위시는 사시의　　　신용이오
寒來暑往　　　不違時 어기지 않는 四時　　　信用
　추위가 오고 더위가 가는 것을 어기지 않는 것은 네 계절의 신용

삼강오륜 행할적에 인사도리 신용이라
三綱五倫　　　行　　　　　人事道理　　　信用
　삼강오륜을 실천하는 것은 사람으로서 인사 도리에 대한 신용이다

천지인이 삼재되니 참여삼재 이내몸에
天地人　　　三才　　　　　參與三才 사람이 삼재에 참여하다
　사람이 우주의 천지인 삼재에 참여한 몸이니, 사람의 몸이 거룩한 몸이다.
　『중용』에 參贊化育(참찬화육)이라 했다

천지조화 픔부하니 이내몸　　소천지라
天地造化　　　　　　　　　　小天地
　천지의 조화를 받아 태어난 사람 몸이 바로 작은 천지이다

천지품기 타고나서 금수행동 하지마라
天地稟氣 우주로부터 품부 받은 기운 禽獸行動 짐승같은 행동
　거룩한 우주적 존재로 태어난 사람이 짐승처럼 살아서는 안된다

금수행동 어떠한고 충복충장 그가운데
禽獸行動　　　　　　　　　充腹充腸 배와 창자만 가득 채우는 것
　짐승의 공통점은 자기욕심만 부려 먹을 것만 가득 채움

즐겁고 사랑한것이 계집자식 뿐이로다
　자기 혼자만 알고 자기 가족만 챙기고 이웃을 배려하지 않는 이기주의는
　바른 도인의 삶이 아니다. 짐승도 자기 새끼만 사랑한다. 그것은 본능이다

뿌리없는 저나무가지 지엽이 어찌 무성할까
　　　　　　　　　　　枝葉 가지와 잎새　　茂盛
　뿌리없는 나무는 가지와 잎새가 오래가지 못하고, 무성하지 못한다

근원없는 저물줄기 건천되기 쉬우리라
根源　　　　　　　　　　乾川 마른 내
　뿌리가 없는 나무는 잎이 없고, 근원이 없는 물은 금방 마른다

복록은　　　우로와같이 위에로 내려온다
福祿 복과 녹　　雨露 비와 이슬
　사람의 복록은 비처럼 하늘 위에서 내려온다

복록은　　　물과같이 올라오든 못하나니
　복록은 물줄기처럼 위에서 아래로 내려오지만 아래에서 위로 거스르지
　못한다

선령신을 잊지말고 부모공경 지극하라

先靈神 조상의 신   父母恭敬   至極

　복록은 위에서 내려오므로 부모와 조상을 잘 공경하라

불효불충 저사람이 장래희망 볼가보냐

不孝不忠   將來希望

　부모에게 효도하지 않고 나라에 충성하지 않는 사람에게 무슨 희망이
　있겠느냐

가빈에　　사현처라 어진아내 못만나면

家貧 집이 가난함　思賢妻 현명한 아내를 생각한다

　집이 가난할 때에야 비로소 아내의 현명성을 알 수 있다

너의신세 어이하리 너의가정 말아닐세

영악하고 간사하면 일가화목 어이될고

영악: 잇속이 밝고 애바른 것　奸詐　一家和睦 한 집안의 정다움

눈치싸고 말잘해서 외식체면 꾸며낼제

　　　　　　　　　　　外飾體面 얼굴을 꾸미는 것

형제동기 정이뜨고 유유상종 편이된다

兄弟同氣　　　情이 갈라진다　類類相從 끼리끼리 편을 가른다

　육신의 형제간 인정보다도 정치나 종교로 편을 가른 것이 더 무섭다

수신제가 못한사람 도성덕립 무엇인고

修身齊家 몸을 닦고 집을 가지런히 함(유학의 가르침)

道成德立 도를 이루고 덕을 세움(동학의 가르침)

제몸 하나도 닦지 않은 사람은 하늘의 도와 덕을 이루지 못한다

사람이야 속지마는 신명이야 속을소냐
　　　　　　　　　　　神明

지기금지 하올적에 사정없이 공판한다
至氣今至 지극한 하늘 기운이 내려오면　私情　　公判 공정한 판결
　하늘기운이 내려오면 사사로운 감정에 매이지 않고 공정한 심판을 한다.
　하늘은 지공(至公)무사(無私)한 것이다

수신수덕 하자하면 가정처리 제일이라
修身修德　　　　　　　　　家庭處理　　　第一
　몸을 닦고 덕을 닦고자 하면 집안 다스리는 일이 제일중요하다

일가춘풍 하올적에 수명복록 빌어보세
一家春風 한 집에 새로운 봄바람이 불면　壽命福祿 수명과 복록
　한 집에 봄바람이 불면 두집, 세집… 일만 집에 개벽의 봄바람이 불어
　오고, 그때에 참된 수명과 복록을 빌 수 있다

일가춘풍 아니되면 우로지택 못입는다
一家春風　　　　　　　　　雨露之澤 하늘이 내리는 비와 이슬의 은택
　한 가정에 춘풍[화목]이 불지 않으면 하늘의 은택을 입지 못한다

수인사　　대천명은 자고로　　이렇건만
修人事 待天命 인사를 닦고 천명을 기다린다

인사는　　아니닦고 오는운수 고대하니

닦은공덕 없었으니 바라는것이 무엇이냐

닦은 공덕 없이 요행만 바라는 것이 무슨 소용이 있는가

때가와서 닿고보면 내차지가 얼마되랴

무주공산 저문날에 벌목정정 나무베어
無主空山 주인 없는 빈 산　　　　伐木丁丁 나무치는 소리
　주인 없는 빈산에서 집지을 나무를 벤다

너도한집 나도한집 여기저기 분치하고
　　　　　　　　　　　　　　　分置 나누어 쌓음

사정사유 터를닦고 사정으로 기둥세워
四正四維 네 정방十, 네 모퉁이X의 팔방.　四正 동남서북 네 곳

오십토로 대공받쳐 오색으로 단청하고
五十土　　　　대공: 마룻보로 중앙(土)에 바치는 기둥, 하도의 중앙

경신금　　　풍경달아 금화문을 열어주니
庚申金 가을 금기운을 알리는 풍경소리　金火門 여름 불이 가을 금으로 바뀌는 문
　하추교역의 가을개벽소리에 火에서 金으로 들어가는 문이 열리다

풍경소리 요란하니 도덕군자 득의로다
가을 바람에 흔들리는 경쇠소리에　道德君子　　　得意 뜻을 얻다
　가을 개벽을 알리는 경쇠소리에 잘 닦은 군자는 뜻을 얻어 의기양양하다

요순우탕 문무주공 차례차례 전공할제
堯舜禹湯 요, 순, 우, 탕임금　文武周公 문왕 무왕 주공　傳功 공덕을 전하다

상중하재 마련하니 공무사정 없을세라

上中下才 상재 중재 하재　　　公無私情 공사에 사정은 없다
　도덕 닦은 것을 기준으로 자리가 정해지니 사정을 두지 않는다

부자유친 하였으나 운수조차 유친인가

父子有親　　　　　　　　運數　　　　有親
　아버지와 아들 사이는 가장 친하지만 운수 받는 데는 차이가 난다

동기형제 일신이나 운수조차 일신인가

同氣兄弟　　　一身 한 몸
　형제가 한 몸이지만 운수를 받는 데는 닦은 만큼 차이가 나고 복록도
　제각각 차이가 난다

낙락장송 큰나무도 깎아야만 동량되고

落落長松 가지가 축 늘어진 큰 소나무　　　　棟樑 마룻대와 들보
　아무리 큰 나무라도 다듬지 않으면 대들보로 쓸 수 없다

곤산백옥 물힌옥도 갈아야만 광채난다

崑山白玉 곤륜산에서 나온다는 흰 옥
　아무리 좋은 옥이 있다 해도 갈고 닦아야 빛이 난다

만경천리 널른들에 많고많은 저농사를

萬頃千里 만 이랑의 들, 천리의 평야

서력수기 하여갈때 놀지말고 일을해서

신농씨의 유업인가 천하대본 이아닌가

神農氏 농사의 시조　遺業 물려준 사업　天下大本 농사는 천하의 근본
　농사중의 농사는 사람농사이며 결실중의 결실은 사람 완성이다

갈고매고 다시매서 실수없이 가꿔내어

추성시기 당도하니 풍년풍자 추수하여

秋成時期 가을결실기 當到 어느곳에 이르름 豊年豊字

천하군창 쌓아놓고 팔도인민 구제할제

天下群倉   八道人民   救濟

억조창생 어이하리 신유지곡 불능활은

億兆蒼生   申酉之穀 가을 7, 8월곡식 不能活 살지 못한다

　곡식도 7, 8월을 넘기면 더 크지 않는다. 사람농사도 때가 있다

세상사람 알았던가 무궁무궁 깨달으소

개명장상 나오는날 귀심개안 될것이니

開明將相 세상 밝히는 장군과 정승 歸心開眼 마음을 깨달아 눈이 열림

춘말하초 어느땐고 소만망종 두미로다

春末夏初 봄의 끝과 여름의 시작 小滿芒種 봄의 끝 頭尾 머리와 꼬리

　후천이란 하지로부터 시작하는 것이니 봄의 마지막인 망종이 되면 후천이

　오는 것을 알아야한다. 망종의 끝은 6월20일, 하지의 시작은 6월21일

하날님이 정한바라 어길배　 없지마는

　후천의 음이 시작하는 하지 6월21일(또는 22일)은 변치 않는다

미련한　 사람들아 어이그리 몰랐던가 ☯

　양은 동지에 나오고, 음은 하지에 나온다. 동지에는 양이 음을 이끌어

　가고, 하지가 되면 음이 양을 이끌어간다. 춘말 하초는 곧 하지의 음이

온다는 것이니, 음은 결실의 시대를 상징한다. 6월21일부터 후천 결실을 맞아 음의 시대로 들어가는 것이다. 그러나 하늘의 자연한 이치에 의해 진정한 음의 가을은 입추(8월 8일)가 지나야 열린다

주1) 반고씨 :

김일부 선생의 『정역』은 반고-천황-지황-인황-유소-수인-복희-신농-황제-요-순의 순서로 태고로부터 상고시대까지를 나열하고 있다. 우주의 처음을 누구로부터 시작할 것인가는 중요한 의미가 있다. 중국의 여러 책마다 조물자(造物者)가 다르다. 서양식 창조주나 조물주의 개념이 아니다. 반고를 맨 처음의 조물자로 본 것은 중국의 『삼오력기』라는 책이다.

주2) 벌목정정(伐木丁丁) :

두보의 시에,
春山無伴獨相求(춘산무반독상구)
춘산에 친구없이 혼자 찾아 가나니
伐木丁丁山更幽(벌목정정산경유)
나무치는 소리에 산은 점점 고요하구나

주3) 부자유친(父子有親) :

최수운 선생의 『용담유사』(교훈가)에,
"부자유친 있지마는 운수조차 유친이며,
형제일신 있지마는 운수조차 일신인가"라고 하여 도성덕립을 이루는데는 아버지와 아들, 형제끼리도 차이가 있다는 뜻이다. 결국 자기 수련은 자기가 해야 한다는 뜻이다.

七. 궁을가(弓乙歌)

☞

　수운교『채지가』의 마지막 편에 실려 있다. 기존에 나와 있는「궁을가」(경북대본, 전남대본) 와는 전혀 다르다. 독창적인 새로운「궁을가」이므로「수운교궁을가」라 이름해도 손색이 없다.「궁을가」의 지은이는 공자와 맹자를 높이던 유교의 나라 조선 땅에 새로운 하날님의 대도(大道)인 무극대도를 펴려고 한다. 그 근본은 효와 충이다. 효와 충은 하늘이 원하는 하늘의 덕목이다. 그래서 항상 하늘이 함께 한다.「궁을가」의 핵심은 '궁을', 즉 하늘은 궁이요, 땅은 을(천궁지을)이다. 효충(孝忠)에 다시 궁을(弓乙)을 말한 것은 효충으로는 가난을 다 해결하지 못하고, 상인(傷人)해물(害物)을 막지 못하고, 재앙을 막지 못하고, 패악을 징벌하지 못하기 때문이다. 그리하여 새로운 궁을의 도를 내놓는 것이다. 궁을의 도로써 정심수도하면 화기춘풍의 새 바람이 불어와 근본적으로 새 세상을 만들어갈 수 있다고 보는 것이다. 진정한 여민동락, 태평성대는 여기서 이루어지는데, 후천에 천상에서 수기를 받아온 도통군자는 모두 24만 명이라고 밝히고 있다.

　이 노래의 지은이는 "천명받아 지은노래 억만년을 전해보세"라고 말할 정도로 「궁을가」에 대단한 자부심을 갖고 있음을 알 수 있다. 특히 지축정립을 앞둔 우주대변혁에 대한 경고를 잊지 않고 있다. 천동설시대에는 지동설을 거짓이라 비난하듯이, 지축이 기운 것을 보고 태어난 사람은 지축정립을 비웃기 마련이다. 또 利在田田은 『정감록』의 핵심인데, 이것을 利在弓弓으로 바꾸어 처음으로 언급한다. 이것은 먼저 나온 『정감록』과의 차별화를 시도하는 것으로 볼 수 있다. 그리고 노래중에 용호도사라는 말이 나오는데, 이 용호도사를 정북창이라 하기도 하지만, 그분은 '용호'였지, '용호도사'는 아니었다. 출룡자는 스스로 용호도사라 칭한바 있다. 문맥으로 보아 20세기 초의 작품으로 보는 것이 타당할 것 같다. 동학, 소창업 등의 말이 그것을 반증해준다. 수운교인들은 당시 소창업으로 유명했다.

핵심어 : 무극대도, 궁궁을을성도, 천근월굴, 팔황천지, 호생지덕, 만국병전, 용호도사, 천궁지을, 이재궁궁, 생활지방, 수심정기, 불사약, 상인해물, 모춘삼월, 24만, 엄동설한, 소창업, 십승지, 삼기팔문, 난법난도, 동학, 비산비야, 도통군자, 억만년

예의문물 조선국에 천명받아 나셨구나

禮儀文物　　　　朝鮮國　　　　　天命 천명을 받은 자가 수명자

　동방예의의 나라 조선에 후천의 무극대도를 펴라는 천명을 받다.

　지은이는 유교의 나라에 어떻게 무극대도를 펼 수 있을까 고민한다

무극대도 공부하여 궁궁을을 성도하니

無極大道 하날님의 대도　　　　弓弓乙乙　　　　成道 도를 완성

　궁은 하늘, 양이고, 을은 땅, 음이다.『주역』의 음양이라는 말 대신에
〈궁을〉이라고 말로서 대도의 성공을 말한다

천근월굴 왕래간에 팔황천지 변복이라

天根月窟 往來間 음양이 자라고 사그라지는 사이에

八荒天地 팔방의 우주　變復 변해 바뀌며 다시 회복함

　동지와 하지 사이를 음양이 자라고 사라지며 끊임없이 순환한다

공중누각 높은곳에 풍운조화 임의로다

空中樓閣 공중의 높은 집　　　　風雲造化　　　　任意 마음대로

　바람과 구름의 조화를 마음대로 부림

무성무취 상천에는 호생지덕 광대로다

無聲無臭 소리 냄새 없음　上天 천상　好生之德 생명을 사랑하는 덕

　하늘은 생명을 좋아하고 아끼는 덕이 광대하기 때문에 중생을 살리려고
「궁을가」의 지은이를 이 땅에 보냈다

광제창생 하시려고 궁을가로 노래하니

廣濟蒼生 널리 만백성을 구제함

弓乙歌 궁과 을의 새로운 진리를 노래로 표현함

이세상에 전발하니 가련하다 창생들아

　　　　傳發 전하여 널리 펌　　　　　　蒼生 일반 백성

이노래를 들은자는 명심불망 신행하라
　　　　　　　　　　銘心不忘　　　信行
　이 「궁을가」를 마음에 새겨 잊지 않고, 믿고 행하라는 뜻

천지음양 조화간에 너도나고 나도나니
天地陰陽　　　　造化間 인간과 만물은 천지음양 오행의 조화로 난다
　사람은 서양처럼 신이 흙으로 빚어서 만든 피조물의 물건이 아니다.
　천지부모의 무궁한 조화로 태어난다. 이를 천지의 '자기창조성'이라 한다

부모은덕 적을소냐 여산여해 망극이라
父母恩德　　　　　　　如山如海 罔極 산처럼 높고 바다처럼
　넓어 끝이 없다. 부모님의 은덕이 이처럼 가장 크다

막비왕토 전답간에 오곡심어 생애하니
莫非王土 田畓間 모두 임금의 땅인 밭과 논
五穀 生涯 오곡을 심어 살아간다

나라은덕 적을소냐 진충진명 즉보이라
盡忠盡命 即報 충성과 목숨을 다해 나라에 보답한다. 그만큼 나라의 은덕이 크다

천지지간 만물중에 최귀하니 인생이라
天地之間　　　萬物中　　　最貴 만물중에 사람이 가장 귀하다

효제충신 으뜸이요 인의예지 제일일세
孝悌忠信 부모에 효도, 형제간에 우애, 나라에 충성, 친구간에 믿음
仁義禮智 봄은 어짐, 가을은 옳음, 여름은 예절, 겨울은 지혜

삼강오륜 명랑한데 마음심자 근본이라

三綱五倫　　　明朗 맑고 밝음　　　心字 마음 심 글자

진심으로 사군하면 백세공명 충신이요

盡心 마음을 다해　事君 임금을 섬김
百世功名 100세(3000년)토록 추앙받는 충신이 된다.
　오늘날의 충신은 특정 대통령에게 있는 것이 아니라 나라와 겨레에
　충성을 다하는 사람이다

천하만국 흥망사도 막비천명 이아닌가

天下萬國 興亡史 나라의 흥하고 망하는 역사
莫非天命 하날님 명령 아님이 없다

상원갑자 십이회에 구변구복 돌아오네

上元甲子　　　十二會 자축인으로 운행　九變九復 9궁수로 운행
　상원갑자는 1864~1923년까지로 이 「궁을가」가 1923년 전에 쓰여진
　것임을 추측할 수 있다

만고대성 공부자도 천명받아 행도하니

萬古大聖 큰 성인　孔夫子 공자　天命　　　　　行道
　공자님도 천명을 받아 대도를 세상에 편 것처럼 「궁을가」의 지은이도
　그렇다는 뜻

예의지방 군자국에 외국병마 무슨일고

禮儀之邦 君子國 예의의 나라 조선　外國兵馬 외국의 군대가 침입
　1866년 프랑스, 1871년 미국, 1882년 중국, 일본 군대가 차례로 침입해
　들어와 이 민족을 욕보였다

천지운수 막을소냐 이세상이 분분하다

天地運數 천지운수는 무엇을 향해 변화하려고 하는가 紛紛 어지러움

만국병전 초목풍에 억조창생 도탄이라

萬國兵戰　　　　草木風　　　　億兆蒼生　　　　塗炭 곤궁하고 비참함

　온 나라마다 무기를 앞세워 땅 뺏기에 나서니 산천초목이 벌벌떨어 찬
　바람이 불어오니 만 백성이 비참한 지경에 빠지다

용호도사 지은노래 천궁지을 성도하네

龍虎道師 지은이가 바로 용호도사이다

天弓地乙 成道 하늘은 궁, 땅은 을로 서로 교체하며 도를 이룬다.

　용호는 1룡만호이니 한 용이 만명의 제자(범)를 거느리므로 용도사라 하지
　않고 용호도사라 한다. 과연 그 분은 누구인가?

사해풍진 요란하니 불여인화 차시로다

四海風塵 擾亂 사해의 바다에서 바람먼지가 요란하게 일어남

不如人和 인화만 같지 못함, 인화(인간화합)가 가장중요하다

이재궁궁 이른말이 천명받아 하신바라

利在弓弓 天命 궁궁 천명받아서 한 말이지 개인의 말이 아니다

　궁궁은 하날님의 뜻인 것이다. 이재궁궁이 곧 천명이다. 따라서 궁궁은
　하날님의 마음을 상징한다. 천심이 곧 궁궁이니 사람마다 욕심을 버리고
　천심을 회복하라는 뜻

비산비야 하처거요 궁을지간 선경이라

非山非野 何處居 산도 들도 아니니 어느 곳에 거하리요

弓乙之間 仙境 산도 아니고 들도 아닌 궁과 을사이가 선경이다.

즉 사람의 몸과 마음사이가 궁을이요, 신선의 땅이다. 『정감록』은
非山非水(산도 아니고 물도 아님)를 궁궁이라 했다. 「궁을가」의 궁궁은 이렇게
눈에 보이는 것이 아니라 마음속에 있다는 뜻

천명으로 반포하니 생활지방 궁을이라

天命   頒布 널리 펌   生活之方 살 수 있는 방법(비방)

　선천에는 산이나 들에 가서 숨으면 살았지만, 후천에는 그런 곳이 아니고,
자기 몸과 마음을 잘 다스려야 살수 있다는 뜻, 그것이 바로 궁궁이다

이재전전 믈신히고 궁을가를 잘부르소

利在田田　勿信 눈에 보이는 밭을 믿지마라

弓乙歌 새 세상에 사람이 살 수 있는 것은 바로 궁을에 있다

　동학에 와서 이재전전이 이재궁궁으로 대체된다. 본래 田田은 농사짓는
농부를 상징한 비결이었다

인구유토 왜모르나 수심정기 좌자로다

人+口+有+土＝앉을 坐

修心正氣 坐字 이곳 저곳 찾아다니지 말고 한 곳에 정좌하여 마음닦고 기운을 바르
게 공부하라는 뜻.

　坐는 人+人+土로 쓰거나 人+口+土로 쓴다

낙반사유 알았거든 동작서성 힘을쓰소

落盤四乳 송아지가 태반을 끊으면 어미소 네 젖꼭지를 물게 된다

東作西成 봄에 농사짓고 가을에 추수함(『서전』에 있는 말)

지공무사 천명하에 도망할자 뉘있으랴

至公無私 지극히 공변되고 사적인 것이 없음　天命下

　천명은 지엄하여 사사롭게 정을 주는 것이 아니고 냉철한 것임

지성으로 사친하면 백행지원 효자로다

至誠 지극한 정성　事親 부모를 섬김　百行之源　孝子
　효도는 백가지 행실의 근원이라고 했다

적선자는 복을주고 적악자는 죄를주네

積善者 福 착한 자에게 복을 주고　積惡者 罪 악한 자에게 죄를 준다

효자충신 있는곳에 질병우환 범할소냐

孝子忠臣　　　　　　　　疾病憂患　　　犯
　효와 충은 인간의 근본이니 질병이나 근심도 침범하지 못한다

현인군자 있는곳에 겁기살기 자연없네

賢人君子 어질고 총명한 사람　　劫氣殺氣
　겁기는 자연의 나쁜 기운, 살기는 사람이 가진 독살스런 나쁜 기운이니 이
　살기가 인류를 파멸에 이르게 한다

궁을가를 불신하면 생활지방 얻을소냐

弓乙歌　　　　不信 믿지 않음　生活之方 죽음에서 살 수 있는 방책
　「궁을가」 이외에 다른 살 방도가 없다

지령신명 모든곳에 우주지간 없느니라

至靈神明 지극히 신령한 신명　　宇宙之間 우주의 안팎
　궁을의 천도를 불신하는 자가 갈 곳은 우주 어느 곳에도 없다

십주삼산 찾아간들 천죄자가 면할소냐

十洲三山 신선이 산다는 열 섬과 세 산　天罪者 하늘 죄를 지은 자
　궁을의 불신자는 선경에 들어가도 그 죄를 면(免)할 수 없다

가련하다 저백성아 남부여대 가지말고

男負女戴 남자는 등에 짊어지고 여자는 머리에 이고 피난 가는 것

궁을가를 불러보소 불사약이 여기있네

弓乙歌 궁을의 진리 노래　　　　不死藥 죽지 않는 약

　멀리 피난간다고 살 수 있는 것이 아니라,「궁을가」에 살 수 있는 진리와
　죽지 않는 선약이 들어 있다

효제충신 일삼으면 만단재화 쓰러지네

孝悌忠信　　　　　　　萬端災禍 만가지 재앙과 화의 실마리

　궁을의 진리는 간단하다. 효와 충을 잘하면 만가지 재앙이 사라진다. 효와
　충은 하늘의 근본 법도이기 때문이다

이노래　　한곡조에 무릉도원 지척이라

　　　　　　　武陵桃源 선경세상　咫尺 가까운 거리

　선경세상이 따로 멀리 있는 것이 아니다. 효와 충을 실천하는 현실 속에
　있다

이노래　　두곡조에 봉래선이 절로되네

　　　　　　　蓬萊仙 봉래산의 신선

　「궁을가」를 두 번 부르면 신선이 절로 된다

상인해물 하지말고 선심수덕 하여보세

傷人害物 사람 상하게 하고 물건 해침　善心修德 착한 마음으로 덕을 닦음

황금백옥 많다한들 그부귀가 몇날갈고

黃金白玉 돈 많은 부귀영화는 오래가지 못한다.

물질은 차면 곧 사라지므로 정신적 부자가 되어야한다

궁곤빈천 한을마소 시호시호 때가있네
窮困貧賤　　　　恨 가난하게 사는 것을 한탄하지 마라　時乎 때로다

보신보가 어찌할고 궁을지외 어데있나
保身保家 몸과 집을 지킴　　　　弓乙之外
　내몸을 지키고 내집을 지키는 것이 궁을 밖에 있겠느냐? 궁을 안에서
　진리를 찾아 궁을진리로 닦으라

영웅호걸 초야중에 궁을가로 세월이라
英雄豪傑 草野中 전쟁터에 나가있는 영웅호걸　弓乙歌　歲月

하청상운 불원하니 기화요초 궁을이라
河淸祥運 황하물이 맑아지는 상서로운 운　不遠 멀지 않음
琪花瑤草 아름다운 꽃과 풀, 신선의 정원　弓乙
　황토물의 황하가 맑아지니 새 세상이 가까이 왔다

당요일월 다시밝네 조을시구 궁을중에
唐堯日月 태평한 요임금시대가 다시온다　鳥乙矢口　弓乙

피난하는 저백성아 궁을가를 왜모르나
避難 「궁을가」를 모르고 피난만 한다고 실수가 있느냐

궁을도수 인화되면 연월강구 태평가라
弓乙度數　　　　人和
煙月康衢 연월은 연기나고달빛 밝은 강구는 큰 길거리, 태평성대를 상징

얼시구나 그시대에 너와나와 놀아보자

　　얼奏口는 궁을의 새 얼을 알자는 뜻. 얼(정신)을 드러내는 것

불쌍하다 우리백성 이대천명 하여보세

　　　　　　　　以待天命 천명을 기다리다

건곤조화 이노래에 이십사방 정위로다

乾坤造化 건곤 음양의 조화

二十四方 定位 천지의 24방위가 정해진다

　24방위가 다시 정해진다는 것은 23.5도 기울어져 있는 지축이 서서히

　바르게 선다는 암시이다. 지축이 정립할 때 달도 변한다

좌선우선 합덕하니 광제창생 이아닌가

左旋右旋 좌로돌고 우로돌고　合德 궁을이 합일　廣濟蒼生

　궁을기(궁을영부)는 좌선·우선의 합일을 상징한다

궁을성진 조응처에 화기춘풍 절로오네

弓乙星辰　照應處 궁을의 별이 비춰 응하는 곳

和氣春風 평화의 기운인 후천의 봄바람이 저절로 불어 온다

이노래를 다모르고 불의재물 왜한일런고

不義財物　恨 나쁘게 모은 재물은 오히려 나를 죽이는 한이 된다

패류악도 죄주려고 병란악질 병진하네

悖類惡徒 패악한 나쁜 무리들　　兵亂惡疾 전쟁과 괴질　竝進 두 가지

　난에는 병란(兵亂)과 병란(病:亂)이 있다. [병(病)은 긴소리]

금옥전재 많다한들 어찌하면 면할소냐

金玉錢財 금전과 재물 　　　　　　　　　免

　재산이 많다고 하더라도 이 병란과 악질을 어찌 모면할 수 있겠느냐

혼몽풍우 이세상에 부귀공명 가소롭다

昏懜風雨 어둠의 비바람, 개벽할 때 천지가 혼몽해져 죽었다 살아난다

富貴功名 재산이 많고 지위가 높으며 공을 세워 이름을 떨침

정심수도 하던군자 모춘삼월 좋은때라

正心修道 　　　　　　君子　暮春三月 늦은봄 3월

성경현전 많이읽어 문장도덕 좋것만은

聖經賢傳 성인의 경전과 현인의　文章道德

사농공상 사업중에 소창업을 힘을쓰소

士農工商 　　　事業

소창업: 무명실로 짜는 일. 해방 전후에 생계수단으로 교인들의 소창업이 성업을
이루었다

상경부모 위주하고 하휼처자 진심하소

上敬父母 爲主 위로 부모공경을 주로 하고

下恤妻子 盡心 아래로 처자 사랑에 마음을 다하라

개과천선 일을삼아 지성으로 수도하면

改過遷善 잘못을 고쳐 착하게 됨　至誠

삼재팔란 멀어지고 만복천상 절로있네

三災八難 3재는 불, 바람, 물로 인한 자연재해, 8난은 인간관계에서 발생하는 어려움
萬福千賞 만 가지 복과 천 가지 상

금의옥식 부귀객도 선조적덕 여경이라

錦衣玉食 비단 옷과 좋은 쌀밥

富貴客 先祖積德 餘慶 조상이 쌓은 덕의 나머지를 받아 생긴 경사.
　조상이 받는 복의 나머지가 후손에게로 넘어온다. 저 홀로 잘나서 부자가
　되는 것이 아니다. 부귀공명이 모든 조상과 자신의 합작품이다

청백자손 복을받고 빈천자손 때가있네

淸白子孫 청렴결백한 조상의 자손　貧賤子孫 빈천했던 조상의 자손
　이런 두 자손들에게는 하늘이 반드시 복을 주는 때가 있다

자식없다 부귀옹아 재물욕심 그만두고

　　　　富貴翁 부귀한 늙은이　財物慾心
　물려줄 자손이 없는 부자 늙은이는 재물에 대한 욕심을 그만두고 새
　진리를 찾으라는 뜻

양전옥답 쌓인전곡 선친기화 이것일네

良田沃畓 좋은 전답　錢穀 돈과 곡식

先親奇貨 돌아가신 아버지가 남겨준 진기한 재물과 보화

전곡성에 노던백성 불원천리 어디갈고

錢穀城 돈과 곡식에만 갇혀있던　不遠千里 천리길을 멀다 않고

삼풍양백 찾지말고 십승지가 여기있네

三豊兩白 양백은 해와 달의 두 밝음이요, 삼풍은 그로부터 나오는 물, 불, 나무이
다. 진리의 근원을 찾아야한다는 뜻.

十勝地 낙서 9궁에 하나를 더한 10수
  완성의 자리를 찾아야한다. 후천은 완성의 결실을 이루는 때다

십리지간 오리지간 청풍명월 곳이로다

十里之間　　　　五里之間
清風明月 맑은 바람과 밝은 달이라는 뜻으로 사람의 정신을 상징

만첩산중 선인들아 산중재미 좋다해도

萬疊山中 겹겹히둘러싸인 산중　仙人
  산중에 홀로 사는 재미가 좋아도 그것이 인생의 전부는 아니다

호랑도적 불측하니 궁불재산 이아닌가

虎狼盜賊　　　　不測 알지못해　弓不在山 궁은 산에 있지 않다
  호랑이가 언제 공격할지 몰라 불안하니 산은 궁이 못된다

만경창파 대해변에 소산해렴 좋것만은

萬頃蒼波　　　　大海邊　　　　所産海鹽 바다소금 만드는 곳

타국병선 왕래하니 궁불재수 이아닌가

他國兵船 往來　　　　　　　弓不在水 궁은 물에 있지 않다
  바다 또한 군함이 왕래하는 곳이니 불안하므로 물은 궁이 아니다

불효불순 패악인은 좌역불생 거역사라

不孝不順 효도하지 않고 순종하지 않는 자　悖惡人 아주 못되고 나쁜 자
坐亦不生 去亦死 앉아도 살지 못하고 가도 또한 죽는다
  궁을의 대도는 부모에 대한 효도와 진리에 대한 순종이 제일이다. 불효한
  자는 이 세상에서 살 수가 없다

심산유곡 좋다마소 가는곳이 사지로다

深山幽谷 死地 깊은 산 그윽한 계곡은 죽는 곳(死地)이다

궁자풀어 천문되고 을자풀어 지리되네

弓字 天文 궁은 하늘을 상징하므로 乙字 地理 을은 땅을 상징

남녀노소 훈계중에 생활지방 이곳이라

男女老少　　　　訓戒 타일러서 잘못이 없도록 주의를 줌

生活之方 진정 사람이 죽지 않고 살 수 있는 곳은 어디인가?

부모형제 화목하고 인아친척 화열하면

父母兄弟　　　和睦 자연 혈족에 의한 관계　姻婭親戚　和悅 혼인에 의한 관계

사람이 살 수 있는 생활방책은 가족간 화목과 화열에 있지 다른 것이
아니다

별유천지 비인간이 이곳안에 또있는가

別有天地 非人間 따로 있는 천지이니 인간세상에 속한 것이 아니다. 별천지, 이상향
진정한 이상향(유토피아)은 가족의 화목속에 있다는 평범한 진리를
설파한다

신여사해 이노래가 허언인가 두고보소

信如四海 믿음은 바다처럼 넓고　虛言 거짓말

견여금석 이노래가 정언인줄 종당이니

堅如金石 굳기가 금석같이 단단하고　正言 바른말　從當 결국에는 안다

청산백운 심심처에 자흥자흥 노래로다

靑山白雲 푸른 산 흰구름　深深處 깊고 깊은 곳　自興自興 스스로 흥에 겨운 모습

일월성신 증참되고 천지신명 감응이라

日月星辰　　　證參 증인으로 참석　天地神明　感應 천지신명이 감응

구궁팔괘 시위하고 삼기팔문 분배로다

九宮八卦 侍衛 9궁8괘가 모시어 둘러서고

三奇八門 分配 3기8문으로 나누어 안배하고

모춘삼월 호시절에 태평주 취케먹고

暮春三月　　　好時節　　　太平酒　　　醉 취하게 마시고

을시구나 그시대에 도재궁을 조을시구

乙矢口　　　　　　　道在弓乙 도가 궁을에 있다

만수도인 명을받아 백운법사 강림이라

萬修道人　　　命　　　白雲法師　　　降臨

　용호도사는 천명을 받아 오고, 백운법사는 제자가운데서 나온다

태평루에 높이올라 여민동락 하여보세

太平樓　　　　　　興民同樂 백성과 더불어 즐거움을 같이함

이십사만 육천년에 도통성인 수기로다

二十四萬　　　六千年　　　道通聖人　　　受記 도통한다는 기록을 미리 받음

　24만 명이 6천 년만에 도통한 성인이 된다고 미리 천상에서 수기를 받음.

　도통성인 24만 명설은 이 「궁을가」의 핵심이다. 1만2천 도통군자보다 더

　많다. 용어도 군자가 아니고 성인(聖人)이다

한심하다 속사들아 이곡조를 모르고서

俗士 대도를 비웃는 세상의 선비들

분주동서 피난하니 자작난리 이아닌가

奔走東西 동서로 바삐 다님　避難　自作亂離 스스로 난리를 자초한

그리말고 마음돌려 또한곡조 들어보소

대도를 비웃고 이리저리 피난다니는데 급급하지 말고「궁을가」를
들어보수

이재송송 역일시오 이재가가 역일시라

利在松松　　　亦一時 또한 한 때　利在家家
송송이나 가가나 과거에 한 때 필요했던 비결이었다

이재궁궁 이말씀도 때를따라 이른바라

利在弓弓 궁궁의 비결도 미래의 때를 따라 나온 것이다

우리성주 어진덕화 동접서피 하건만은

聖主 임금　　　　　東接西避 동에서는 만나고 서에서는 피함

시운불행 어찌할고 만백성이 복이없다

時運不幸　　　　　萬百姓
한말 고종황제가 불행한 시운속에 빠져 있다는 비유

일마이양 가는곳에 개화지설 어떻다고

一馬二羊 한마리 말, 두마리 양
開化之說 서양의 개화문명을 받아들여야한다고 주장하는 개화파세력.
한 마리 말이 두 마리 양보다 더 잘 뛴다는 암시가 들어있다

팔도방백 그렁저렁 열읍수령 말이없네
八道方伯 관찰사   列邑守令 여러고을 책임자 현감

모원신계 울지마라 확철지어 가련하다
某員晨鷄 어떤 원님댁의 새벽 닭 확철지어: 수레바퀴 자국에 들어있는 붕어(之魚)
　새벽 닭아 함부로 우지마라, 길거리 붕어처럼 위태롭구나. 서양의 개화를
　외치는 것은 위험한 일이다

가고가는 저백성아 무엇먹고 가잔말고

강산초목 상로중에 서미인사 조심하고
江山草木 霜露 서리와 이슬   暑迷 더위를 먹고 정신이 흐려지는 증상
　서리는 후천가을을 상징하고, 서미는 선천여름을 상징함

적선적덕 아니하면 십상팔구 어렵도다
　積善積德   十上八九 10명중에 8, 9명은 어렵다

대해풍화 당도하니 선척없이 뉘건너리
大海風火 큰바다의 바람과 불 當到 다다름 船隻 배

엄동설한 당도하니 식량없이 어이살고
嚴冬雪寒 눈 내리는 심한 추위, 대변혁기에 빙하가 급습한다.
　지축정립이 이루어지는 대변혁을 앞두고 바람·불·눈의 재앙이 온다

무극대도 이노래에 구활인생 근본이라
　無極大道   救活人生 사람 살리고 구제함

호호탕탕 천지간에 도상도중 도하로다

浩浩蕩蕩 끝없이 넓고 넓은 天地間 道上道中 道下
　길 위, 중간, 아래에 사람들이 가득차 구제를 기다리는 모양

이노래는 그만두고 곡중별곡 들어보소
　　　　　　　　　曲中別曲 다른 노래

작야상천 옥경루에 상제모셔 잔치하고
昨夜 어제밤 上天 玉京樓 높은 하늘 옥경대 누각

금조중천 태극정에 궁을세계 둘러보소
今朝 오늘아침 中天 太極亭 하늘 한가운데 태극정 弓乙世界

기화요초 난만중에 서일상운 벌려있네
琪花瑤草　　　爛漫 활짝 핌　曙日祥雲 아침해에 성서로운 구름빛

양유대상 놀던짐승 부답생초 기린이요
羊乳臺上 젖먹고 놀던　　不踏生草麒麟兒 풀 한번 밟지 않은 기린

오동지상 우는새는 기불탁송 봉황이라
梧桐之上 오동나무 위　　氣不託送 남에게 의지해서 소리를 보내지 않음

오는빈관 선객이요 노는사람 군자로다
　　賓官　仙客　　　　　君子

연년풍등 오곡이요 가가번식 육축이라
年年豐登　　五穀　　家家繁殖　六畜

악질강도 불입하니 병화소식 적막이라
惡質强盜　　不入 들어오지 못함

兵禍消息 무기로 인한 재앙 기별이 없다. 병화가 없어 고요하다는 말

천지승지 이아닌가 세상인민 왜모르나

天地勝地 가장 좋은 땅   世上人民

도화유수 묘연처에 편주어랑 아니오네

桃花流水 杳然處 복숭아 꽃잎 아득히 흘러가는 곳

片舟漁郎 조각배 고기잡이

　별천지에 가려고 하는데 안내해줄 고기잡이는 오지 않네

도약하는 저동자야 산문열고 길쓸어라

跳躍 뛰어노는   童子   山門

　스승님이 오시니 동자는 산문열고 길을 쓸어 맞이해라

도로방황 저백성을 이곳으로 불러오네

道路彷徨

　이리방황 저리 방황하는 백성들을 이곳 천하승지 궁을 땅에 다시

　불러온다

부모처자 소솔하고 주야없이 빨리오소

父母妻子   所率 딸린 식구 晝夜

낙락장송 정자좋고 정정옥천 우물좋네

落落長松 가지가 축축 늘어진 큰 소나무 亭子 井井玉泉

인산지수 호주기에 청풍명월 빛을삼아

仁山智水 어진 자는 산을 좋아하고 지혜로운 자는 물을 좋아한다

淸風明月 맑은 바람과 밝은 달

안빈낙도 가지말고 여민동호 공진하면

安貧樂道 가난하나 도를 즐김   與民同好 백성과 더불어 함께 좋아함
共進 함께 나아감

보신보가 될뿐일세 자손부귀 좋을시구

保身保家 몸을 보전하고 집을 보전함 子孫富貴

자하주에 취한꿈을 학누정에 잠깐깨어

紫霞酒 신선의 술   鶴樓亭

인간만사 살펴보니 한심하고 가련하다

人間萬事   寒心

자포자락 만족하니 부동금수 어데있나

自飽自樂 스스로 배부르고 즐거움 滿足 不同禽獸 금수와 같지 않다
 자기배만 채우니 곧 금수와 같은 것이다

주색잡기 저소년은 패가망신 절로되네

酒色雜技 술, 색, 노름   敗家亡身 재산을 없애고 몸을 망침

토색재물 권호배는 종내천앙 면할소냐

討索財物 울거내서 모은 재산 權豪輩 권력과 재산을 많이 가진 무리
終乃天殃 마침내는 하늘의 재앙을 받는다

난법난도 하는사람 동학이라 이름하고

亂法亂道 법과 도를 어지럽힘
東學 도법을 어지럽히는 자들이 자칭해서 동학이라 이름하고

허탄지설 조화많고 방인백성 붕당되어

虛誕之說 거짓된 말 造化   邦人百姓 나라백성 朋黨 무리
　가짜 동학쟁이들이 일어나 거짓과 조화를 부려 백성 중에 무리를 짓는다

공사작패 불측하니 신도되어 마땅하다

公事作牌 공사에 패거리를 지음 不測 헤아릴 수 없음 神
　동학을 사칭한 무리들이 헤아릴 수 없이 많으니 가히 神이라도 된 듯하다

수선수도 우인들아 청빈함을 근심마오

修善修道 선행을 쌓고 도를 닦음 友人
淸貧 성품이 깨끗하고 욕심이 없어 가난함

수양백이 채미가는 보국충신 으뜸이요

首陽伯夷 수양산 백이숙제 採薇歌 報國忠臣 나라에 충성을 다한 신하
　백이와 숙제 두 형제는 무왕의 무도함을 보고 수양산에 들어가 고사리를
　캐먹다가 죽어 충절을 지킴

지화지기 이노래는 제세안민 경륜이라

至化至氣 지극히 지기로 화하는 濟世安民 세상을 구해 국민을 편안히 함
　지기의 「궁을가」가 세상을 다스린다는 뜻

곡조곡조 구선에는 마디마디 경계로다

曲調曲調

인창의화 광개하니 중천명월 등촉이라

仁昌義化   廣開 널리 열음 中天明月   燈燭 등불과 촛불

자탄자가 노래하니 궁을조화 절로나네

自嘆者 스스로 탄식하던 자　　　弓乙造化

　마지막에는 자탄자들도 참여하여 궁을의 노래를 부른다

운룡풍호 진퇴하니 산마해귀 은장이라

雲龍風虎 구름은 용을 좇고, 바람은 범을 좇는다　進退 용과 범이 다툼

山魔海鬼 산과 바다의 마귀　隱藏 숨어 사라진다.

　용호가 등장하면 이 땅에서 마귀가 사라진다는 말이다

비산비야 궁을간에 의심말고 안도하세

非山非野 산도 들도 아니다 弓乙間　疑心　　　安堵 마음을 놓음

　이산 저산 찾지 말고 궁을로 돌아오면 안심을 얻을 수 있다

자생만물 인덕으로 우리백성 구해보세

資生萬物 만물이 바탕하여 생김　仁德

　땅이 만물을 낳는 그 후덕으로 백성을 구하는 것

이십팔수 분야중에 태음태양 상응이라

二十八宿　　　分野 동남서북을 7별씩 나눔　太陰太陽 해는 태양, 달은 태음

　선천에는 남쪽보다 북쪽에 치우쳐 28수가 불균형을 이루었으나

　후천에서는 14:14로 남북이 균형을 이루게 된다. 이것이 지축정립이다

신농야에 경전하고 엄능대에 고기낚아

莘農野 이윤이 농사짓던 곳　耕田

상봉하솔 일가중에 기한없이 지내다가

上奉下率 一家 위로는 부모를 받들고, 아래로는 처자를 거느림

飢寒 굶주림과 추위

유수같이 가는광음 몽중으로 보낸후에
流水 흐르는 물　光陰 햇빛과 그늘　夢中 꿈 속
　세월을 물같이, 빠른 빛같이 흘러 보내고, 꿈속에서 보냄

성제명황 재상하고 현상양좌 만정토다
聖帝明皇 在上 성군이 위에 계시고
賢相良佐 滿廷 어진 재상들이 조정에 가득하다

태평성대 다시오면 남아득의 차시로다
太平聖代　　　　　　　　男兒得意 남아 뜻을 얻음　此時
　개벽의 태평성대가 오면 사나이 뜻을 얻어 세상 구제에 나선다

산중처사 다나오고 천하영웅 심심이라
山中處士 산중에 숨어있던 도인　天下英雄 전쟁의 영웅은 할 일 없어

천재일시 하청양은 사해양양 노래로다
千載一時 천년에 한 번 오는 때　河淸　四海洋洋 사해가 넓고 넓다
　천년에 한번 황하 물이 맑아지니 후천이 돌아와 사해가 넓다

우순풍조 승평시에 시화연풍 극락이라
雨順風調 昇平時 비가 알맞게 내리고 바람이 고르게 부는 태평세상
時和年豐 極樂 나라가 태평하고 풍년이 든 극락정토

수선도통 우인들아 조을시구 때만났네
修善道通　　　友人 착함을 쌓아 도통한 벗들아　鳥乙矢口
　여기서 제자라 하지 않고 벗들이라 불렀다

천은지덕 광대중에 도통군자 조화로다
天恩地德   廣大   道通君子   造化

지성으로 닦은재주 반룡부봉 못할소냐
至誠   攀龍附鳳 임금이나 스승을 좇아서 공명을 세움.
 지극한 정성과 공경심이면 누구나 도통의 길에 들어가 성공할 수 있다.
 그러나 자기 홀로 성공할 수 있다는 생각은 갸륵이야 하지만
 위험천만이다. 스승의 가르침에 따라야 한다

팔도수령 그만두고 일품상경 차지로다
八道守令 지방수령   一品上卿 18품계중에 가장 높은 판서벼슬
 관리보다 더 소중한 것이 도의 품계를 받는 것이 중요하다는 뜻

부귀변해 빈천되고 빈천변해 부귀되네
富貴變   貧賤   貧賤變   富貴
 세상의 부귀는 변하는 것이나 도의 공부는 변하지 않는다. 도를 닦지
 않으면 부자도 가난해지고, 도를 잘 닦으면 가난해도 부귀를 얻게 된다

천명받아 지은노래 억만년을 전해보세 ☯
天命   億萬年   傳
 이 「궁을가」를 감히 억만년을 전한다고 하였으니, 이 작자의 자부심이
 대단한 것이다. 그만큼 이 「궁을가」는 훌륭하고 위대한 가르침을 담고
 있다. 우주의 대변혁기에 인류는 10명 중에 착한 사람 1~2명씩
 살아남는다는 마지막 경고이다

주1) 동작서성(東作西成) :

『서전(書傳)』「요전(堯典)」에 있는 말로, 봄에 농사지어 가을에 거두어들인다는 뜻. 가사집에 동작서성이란 말이 이곳에 처음 나온다.

주2) 도화유수(桃花流水) :

도연명의 「산중문답」에 나오는 시.

문여하사서벽산(問余何事棲碧山)
왜 푸른 산중에 사느냐고 물어봐도
소이부답심자한(笑而不答心自閑)
대답없이 빙그레 웃으니 마음이 한가롭다.
도화유수묘연거(桃花流水杳然去)
복숭아꽃 흐르는 물따라 묘연히 떠나가니
별유천지비인간(別有天地非人間)
인간세상이 아닌 별천지에 있다네.

주3) 효도 :

『동몽선습』에
此五品者는 天敍之典이니 而人理之所固有者라.
(차오품자 천서지전이니 이인리지소고유자라.)

이 다섯 가지 윤리는 하늘이 마련한 법칙이요, 사람의 도리로 본디 가지고 있으니,

人之行이 不外乎五者而惟孝爲百行之源이라.
(인지행이 불외호오자이유효위백행지원이라.)

사람의 행실은 이 다섯 가지에서 벗어나지 않으며, 오직 효도가 모든 행실의 근원이다.

주4) 봉래선 :

송시열(宋時烈 1607-1689)의 「濯髮(탁발)」이라는 시가 있다.

蓬萊仙子如相見(봉래선자여상견)

봉래산 신선이 이를 보게 될작시면

應笑人間有白髮(응소인간유백발)

인간 세상 백발 있음 껄껄껄 웃으리라.

주5) 별유천지 비인간(別有天地非人間) :

이백(李白)의 「산중문답(山中問答)」에 나오는 구절.

問爾何事棲碧山(문여하사서벽산)

왜 푸른 산에 사느냐고 묻는다면

笑而不答心自閑(소이부답심자한)

그저 웃으며, 대답은 않아도 마음은 한가롭네

桃花流水杳然去(도화유수묘연거)

복사꽃이 물길 따라 아득히 흘러가나니

別有天地非人間(별유천지비인간)

따로 세상이 있지만 인간 세상은 아니로세

주6) 삼기팔문 :

삼기란 天三奇, 人三奇, 地三奇가 있는데 풍수에서는 地三奇를 사용하며, 地三奇란 "乙, 丙, 丁"을 말한다. 육의삼기에서 보는 보와 같이 "甲"은 들어가지 않는다. 갑은 숨은 것으로 본다.

그래서 기문둔갑법이라 한다. 팔문이란 "생, 상, 두, 경, 사, 경, 개, 휴(生, 傷,

杜, 景, 死, 驚, 開, 休)"의 8문을 말한다.

주7) 백이숙제(伯夷叔齊) :

백(伯)과 숙(叔)은 형제의 장유(長幼)를 나타낸다. 본래는 은(殷)나라 고죽국(孤竹國: 河北省 昌黎縣 부근)의 왕자이었는데, 아버지가 죽은 뒤 서로 후계자가 되기를 사양하다가 끝내 두 사람 모두 나라를 떠났고 가운데 아들이 왕위를 이었다. 그 무렵 주나라 무왕(武王)이 은나라의 주왕(紂王)을 토멸하여 주왕조를 세우자, 두 사람은 무왕의 행위가 인의(仁義)에 위배되는 것이라 하여 주나라의 곡식을 먹기를 거부하고, 서우양산[수양산 首陽山]에 들어가 몸을 숨기고 고사리를 캐어먹고 지내다가 굶어죽었다. 유가(儒家)에서는 이들을 청절지사(淸節之士)로 크게 높였다.

그들이 마지막 읊은 채미가(采薇歌)가 전한다.

登彼西山兮 采其薇矣(등피서산혜 채기미의)

저 서산에 올라 산중의 고사리나 캐먹어야겠네

以暴易暴兮(이폭역폭혜)

포악으로써 또 포악함을 바꾸어 다스렸어도(주왕의 폭력을 무왕이 또 폭력으로 정벌한 것)

不知其非矣(부지기비의)

그 잘못을 알지 못하는구나

神農虞夏 忽然沒兮(신농우하 홀연몰혜)

신농(神農)과 우(虞), 하(夏)의 시대는 홀연히 갔으니

我安適歸矣(아안적귀의)

우리는 어디로 돌아갈 것인가

于嗟徂兮(우차조혜)

아! 이제는 가야하는구나

命之衰矣(명지쇠의)

죽음앞에 선 우리의 운명이여

이들에 대해 공자는, "백이와 숙제는 부정과 불의를 혐오하고 일을 미워했지 사람을 미워하지는 않았다. 또 지난 잘못을 생각하지 않았고, 원망을 품은 일이 드물었다. 그들은 인(仁)을 구하여 인(仁)을 얻었으니 또 무엇을 원망하랴?" 하였다.

주8) 산마해귀(山魔海鬼) :

『격암유록』「궁을도가」에도 나온다.

주9) 자생만물(資生萬物) :

『주역』곤괘에 있는 말.

至哉坤元(지재곤원)

지극하도다! 곤의 원이여

萬物資生(만물자생)

만물이 바탕하여 낳도다

주10) 앉을 좌(坐) :

土4 〔坐〕 ⑦ 앉을 좌 圖　zuò

丿 ㇏ 㐅 㐅 㐅 坐 坐

[소전] 坒　[고문] 坐　[초서] 坐　[본자] 坒　[동자] 坐

[參考] 坐와 座(549)는 본디 같은 자이나, 뒤에 坐는 동사로, 座는 명사로 구별하여 쓰이게 되었다.

[字源] 會意. 두 사람〔人〕이 흙〔土〕 위에 마주 앉아 있는 모습을 나타내었다.

제3부 무궁노래

八. 임하유서(林下遺書)

☞

「임하유서」에도 여러 판본이 있으나 필자는 수운교 초기 교역자였던 연호 조용기의 필사본을 저본으로 삼았다. 의미전달이 가장 정확하다. 「임하유서」는 후천 나무(木) 천궁(林) 아래(下) 청림도사를 주인으로 삼고, 푸를 청(靑)자의 중요성을 강조해 주고 있다. 나아가 「초당의 봄꿈」이나 「달노래」등에 나온 주청림(走靑林)의 의미를 새롭게 정립하고 있다. 앞에 나온 주청림의 청림도사는 창생을 건질 남조선 배의 함장을 맡았던 분이다.

그러나 이곳에서의 청림도사는 궁을 진리의 몸체인 목청청(木靑靑)의 청림도사이다. 선후천 개벽기에 포덕천하의 주체로 등장한다. 이러한 목청청을 만나기 위해서는 상인(傷人)해물(害物)하지 말고, 원형이정의 마음으로 지극정성 수도할 것을 요청한다. 상인해물은 목청청이 가장 싫어하는 상극이기 때문이다. 목청청은 상인해물의 선천 세상을 심화(心和)기화(氣和)의 후천세상으로 천지개벽할 것을 상징한다. 목청청의 청림도사가 후천의 상제를 대신하여 미륵불의 역할을 수행한다.

핵심어 : 청림도각, 푸를청자으뜸, 최령자, 충효이명, 청림도사, 인구유토, 족상가점, 우성재야, 수종백토주청림, 하날님, 순천자, 괴질운수, 삼인일석, 궁궁을을, 무극대도, 천의인심, 일심인화, 만수도인, 육부팔원, 상인해물, 궁궁선도, 화성수성, 운수각각, 포덕천하, 천필륙지, 주자청림, 목청청, 지사남아

☯

천지음양 시판후에 사정사유 있었으니

天地陰陽　　始判後 태초개벽으로 음양이 갈라진 후
四正四維 네 정방위와 네 모퉁이로 천하의 방위가 결정된다.
　우주개벽후 천지간에 8방위가 결정된 것을 뜻함

무지한　　세상사람 청림도각 하여보소

無知　　　　世上　　　青林 동학을 상징　道覺 도를 깨닫는 것
　새로운 진리인 청림의 동학 천도를 깨달아보길 권함

이도알면 살것이요 모른사람 죽나니라

　어지러운 세상에 새로운 진리(道)를 알면 살 것이다

억조창생 많은사람 깨닫고　　깨달을까

億兆蒼生 많은 백성, 만물이 태어날 때는 푸른색을 띤다

동서남북 사색중에 푸를청자 으뜸이라

東西南北 四色 동쪽은 청색, 서쪽은 흰색, 남쪽은 붉은색, 북쪽은 흑색,
青字 푸를 青자는 동학, 동방의 동쪽 색깔로 네 색깔중에 푸른색이 으뜸이다

춘하추동 사시절에 수플임자 생겨나서

春夏秋冬　　　四時節　　　林字 수풀은 나무 목이 두 개(36궁)
　동방은 3·8목이니 3목, 8목이 만나 林이 된다. 3은 소양위, 8은 소음수

인의예지 사덕하에 길도자를 일렀으니

仁義禮智 四德下 인의예지는 천도이므로　道字 천도의 도

동방산림 뉘알소냐 청동임하 수도인을

東方山林 동방의 청림　　　　　　青東林下　　　修道人
　동방의 동학과 청림의 진리를 찾아 수도하는 사람

사람마다 다알소냐 천지음양 그가운데

　　　　　　　　　　天地陰陽 만물은 천지와 음양으로 태어남

최령자가 사람이라 사람이라 하는것이

最靈者 사람이 만물중에 가장 신령하다는 뜻
　사람이 만물 중에서 가장 신령하고 귀하다

오행을　　품기해서 삼강오륜 법을하여

五行 수화목금토　稟氣 하늘로부터 타고난 기운　三綱五倫 法

삼강오륜 그가운데 충효이명 밝혀내니

三綱五倫　　　　　　　忠孝二明 충성과 효도의 두 가지 밝음

안배우면 뉘알소냐 낙반사유 그가운데

　　　　　　　　　　落盤四乳 송아지가 태반을 끊으면
　어미 소의 네 젖을 먹게 된다. 효도를 상징한 말

다시배워 충효하소 믿을신자 제일일세

인의예지 법을삼아 공경부모 하여보소

仁義禮智 法 인의예지는 천도의 법이다　恭敬父母 부모를 공경하기
　부모를 공경하는 것은 하늘을 공경하는 천도의 법칙과 같다

공경천지 하였으면 부모은덕 갚아보소

恭敬天地　　　　　　　　　父母恩德

부모은덕 갚은사람 자연충신 되느니라

父母恩德　　　　　　　　　自然忠臣
　부모에게 효도하는 사람은 나라에도 충신이 된다

그런고로 효하면　　충하고　　귀하니라

　　　　故　　孝　　　　忠　　　　貴
　효도하는 자가 충신이 되고 귀인이 된다

전해오는 현인말씀 충신은　　필구효문이라

　　　　　　　賢人　　　　忠臣 必求孝門 충신은 효자 가문에서 구한다
　효자 가문에서 충신난다는 속담이 있다

이런말을 듣더래도 충효외에 무엇할고

　　　　　　　　　　忠孝外 충효밖에 또 다른 일이 없다

천지부모 일반이라 인의예지법을　삼아

天地父母一般 천지와 부모가 하나이다　仁義禮智法

원형이정 행케되면 이재궁궁 알것이요

元亨利貞 行 천지법칙　　　　利在弓弓 이로움이 궁궁에 있다

이재궁궁 알게되면 청림도사 만날테니

利在弓弓 궁궁은 하늘, 땅의 합일을 상징
青林道師 푸를 청과 나무 목을 새 진리로 가르치는 스승
　궁궁은 천도의 원리이므로 새로운 천도진리를 찾아가야 이로움이 있다

이글보고 입도해서 정심정기 하여보소

　　　　　入道　　　　　正心正氣 마음과 기운을 바르게 함

정심정기 앉을좌자 인구유토 이아닌가

正心正氣　　　　　坐字　　　人+口+有+土=坐
　바른 마음과 기운을 가져야 고요히 앉아(靜坐) 수도할 수 있다

심화기화 정할정자 족상가점 이아닌가

心和氣和 마음과 기운이 화함　定字
足上加點 발 足위에 점을 찍으면 정(定), 정(定)하면 좌(坐)할 수 있고, 좌(坐)하면 화
(和)할 수 있고, 화(和)하면 정(定)할 수 있다.
　마음이 하나에 정착(定着)해야 수도할 수 있다

시구시구 조을시구 시구시구 뉘알소냐

矢口 矢+口=知　鳥乙矢口 좋을시구=새 乙자를 알라는 뜻
　후천의 천도인 새 을자를 알아야 한다. 弓은 하늘, 乙은 땅을 상징함.
　후천은 땅의 개벽으로 인간이 완성되는 것이다. 인간이 완성된다는 것은
　뇌의 구조적 변화를 수반하는 것이다

믿기만　 믿을진데 흉년괴질 염려마라

凶年怪疾　　　念慮

하날님만 공경하소 지성감천 아닐런가

恭敬　　　　　　至誠感天 지극한 정성을 다하면 하늘이 감동한다.

하날님을 공경하는 것이 정성이요, 정성이 지극하면 하늘도 감동한다

성경이자 밝은법을 일심으로 공부하소

誠敬二字　　　　　法　　一心 변치않는 한 마음　工夫

일심공부 인화되면 우성재야 알것이요

一心工夫　　　人和　　　牛性在野 소의 성품이 들에 있다

일심으로 공부하면 심화기화가 이뤄져 소의 성품(근원을 찾는 마음)

합기덕이 정심이니 도하지가 이것이라

合其德 正心 하늘의 덕에 합하여야 마음이 바르게 된다

道下止 도 아래에 그침. 천도 아래에 그치게 된다.

이처럼 그친다는 것은 그곳에 도달한다는 뜻. 완성의 뜻. 그칠 줄 알아야 욕심이 그친다

수종백토 주청림을 도인외에 뉘가알가

須從白兎走青林 흰 토끼를 따라 청림에 들어가는 것　道人外

토끼는 연약한 동물이다. 토끼가 숲속에 들어가야 살 듯이 도인만이 이를 알고 청림도사를 찾는다. 청림은 龍華樹, 용화의 미륵전, 도솔천궁. 백토는 금(金), 청림은 목(木)으로 둘은 금목합덕, 천풍구괘를 상징

삼분승속 안다해도 불의사를 뉘알손가

三分僧俗 세상이 셋으로 나뉨　　不意事 뜻밖에 생긴 일

한말에 한반도에서 일본, 러시아, 청국이 각축을 벌인 것

구호사토 마침맞아 중입자가 이때로다

狗虎巳兎 개, 범, 뱀, 토끼해　　中入者 중간에 들어가는 자가 산다

　선입자(先入者) 환(還)하며, 중입자(中入者) 길(吉)하며, 후입자(後入者)

　탄(嘆)한다. 환(還)은 되돌아간다, 탄(嘆)은 탄식한다는 뜻

유복자는 입도하고 무복자는 불입이라

有福者 入道 복있는 자는 도에 들어오고

無福者 不入 복 없는 자는 못 들어간다

의아있는 그사람은 어찌그리 매몰한고

疑訝 의심 많은 사람　　　　　　　　매몰: 인정없이 쌀쌀맞은 것

효제충신 알기로서 음해하기 무삼일고

孝悌忠信 효도 우애 충성 믿음　　陰害 음흉하게 남을 해침

천필주지 무섭더라 천망회회 소불로라

天必誅之 하늘이 반드시 벌을 준다　天網恢恢 하늘그물은 넓다

小不老 젊어서 부지런히 배우지 않으면 늙어 뉘우친다.

　그러므로 젊어서 입도하여 부지런히 배워야한다

물욕교폐 되는사람 해인지심 두지말고

物慾交蔽 물욕이 마음을 번갈아 가림　害人之心 사람을 해치는 마음

천의인심 살펴보니 활기고금 역연이라

天意人心 하늘의 뜻과 사람의 마음

活氣古今 亦然 고금에 활기가 또한 같다

순천자는 안존하고 역천자는 필망이라

順天者 安存 하늘에 순한 자는 편안히 존하고

逆天者 必亡 하늘을 거스른 자는 반드시 망한다.

천의창창 하처재요 도재인심 아니런가

天 蒼蒼 何處在 하늘은 고요하고 푸른데 어디에 있을까

都在人心 다 사람 마음에 있다.

　사람에게 벌을 주는 하늘을 어디서 찾을 수 있을까? 살고 죽는 것이 내
　마음속에 있다

나도역시 사람이라 충복지장 있었거던

充腹之臟 배를 채움

다른사람 의사없어 이러하고 이러할까

　　　意思

　다른 사람도 자기 배를 채우려는 생각은 다 마찬가지다

역천자가 어찌할까 우습고　　우습도다

逆天者 하늘을 거스른 자가 살 수 있는 방법은 수도밖에 다른 것이 없다

의아말고 수도하면 개지위선 아니런가

疑訝 의심스럽고 이상함　修道　改之爲善 고쳐서 착하게 됨

주야원송 기화하면 도통연원 될것이요

晝夜願誦 밤낮으로 빌며 외움　氣化, 氣和

道通淵源 도통을 이룬 근원자

　동학의 주문을 주야로 열심히 외워 기화가 이루어지면 스스로 도통의

연원이 될 수 있다

부귀영화 또 있으니 청림도사 이아닌가

靑林道師 청림의 주인, 후천의 큰스승

도통도 하지만 또 도통을 하면 청림도사를 만나는 영화가 있다

고대춘풍 급히마소 때가 있어 오느니라

苦待春風 봄바람 불어오기를 간절하게 몹시 기다림

새 세상의 봄바람도 아무 때나 오는 것이 아니고 정해진 때가 있다

이말저말 비등해도 하날님만 공경하소

沸騰 세차게 끓어오름　　　　　恭敬

주위에서 하날님을 공경한다고 비웃음이 많아도 오직 한 마음을 갖는다

하날님을 불공하면 제부모를 모름이라

不恭　　　　　　父母

하날님을 공경하지 않는 것은 자기 부모를 부정하는 것과 같다.
자기부모를 공경하는 자가 하날님도 지극으로 공경할 수 있다

제부모를 불효하면 삼강오륜 어찌알고

不孝　　　三綱五倫 세 가지 벼리와 다섯 가지 윤리

제부모를 부정하는 것이 불효이며, 불효자가 다른 삼강오륜을 어찌 알 수
있는가. 효도나 제사를 무시하고 하날님 공경만을 강요하는 것은 진리가
아니다

지성으로 공부하면 만사지가 될것이니

至誠　　　　　　萬事知 만가지 일을 다 안다

주문 '시천주조화정 영세불망 만사지'를 지성으로 공부하면 만가지 이치를

깨닫는다. 만사지의 핵심은 하날님을 아는 것이다

악인지설 전혀말고 일천지하 정심하라

惡人之說 악한사람들의 말　　　　一天之下 正心 한 하늘 아래 오직 한마음

　주변의 악한사람들의 말을 듣지 말고 오직 바른 마음으로 공부한다

십이제국 괴질운수 적악자가 어찌살고

十二諸國 12나라, 온 세상　怪疾運數 악질 괴질이 오는 운수

積惡者 악한 일을 한 자

　온 세상에 괴질이 밀려오면 악한 사람은 살길이 없다

부귀빈천 천정이라 사람마다 때가 있네

富貴貧賤 부귀와 빈천　天定 하늘이 알아서 정함

　부하고 가난한 것도 하늘이 알아서 정해놓은 것이니 그 사람 때에 맞춰

　변하는 것이지, 아무 때나 부자가 되고 가난한 것이 아니다

기인취물 마라서라 하날님도 모를소냐

欺人取物 사람을 속이고 남의 물건을 취함

신목여전 되지마는 뉘라서　　분간하리

神目如電 하날님의 눈은 번개처럼 빠르다　　　分揀

무섭더라 무섭더라 하날님이 무섭더라

너도역시 사람이면 수도하여 경천하소

　　　　　　　　　　修道　　　　敬天

주야불망 하는뜻은 인의예지 갱정이라

畫夜不忘 밤낮으로 잊지 못함   仁義禮智 인의예지 천도법   更定 다시 고쳐 정함
  인의예지를 수심정기(守心正氣)로 고쳐 잃어버린 하날님을 되찾아 하날님을
  공경하게 함

불쌍하다 세상사람 이글보고 입도하소
                              入道

삼인일석 안다하되 수신수도 누가할고
三+人+一+夕 = 닦을 修   修身修道

수도하면 제가하고 제가하면 치천하라
修道   齊家   齊家   治天下
  내 몸을 닦으면 집을 가지런히 하고, 집이 가지런해야 나라와 천하를
  다스린다. 대학의 8조목은 格物(격물), 致知(치지), 誠意(성의), 正心(정심),
  修身(수신), 齊家(제가), 治國(치국), 平天下(평천하)

궁궁을을 조을시구 시구시구 좋을시구
弓弓乙乙   鳥乙矢口
  궁궁은 하늘, 을을은 땅이니 하늘과 땅, 음양이 합일하니 좋은 것이다

너도득도 나도득도 모춘삼월 호시절에
      得道   得道 暮春三月   好時節
  궁을합덕으로 모두가 도를 얻으니 늦은 봄 삼월에

먹고보고 뛰고놀세 궁궁을을 조을시구
                          弓弓乙乙   鳥乙矢口

대장부   차세상에 해볼것이 무엇이냐

大丈夫　　　　　此世上 이 세상

차도외에　다시없네　입을열어　글을 읽고
此道外 이 도 이외에 다른 것이 없다

효를지켜　충을하면　이것역시　삼강이요
孝　　　　　　忠　　　　　　　　　　三綱

삼강알면　오륜이라　상인해물　두지 말고
三綱　　　　五倫　　　傷人害物 사람이 다치고 물건이 다침
　효와 충의 실천은 삼강이며 오륜이니 사람을 해치지 않는 것이 제일이다

운수따라　수도하면　태평성대　갱귀로다
運數　　　　修道　　　太平盛代　更歸 다시 돌아간다

청괴만정　알지만은　백양무아　뉘알소냐
靑槐滿庭 푸른 홰나무가 뜰에 가득함　白楊無芽 흰 버들나무가 싹이 나지 않음
　푸른 홰나무의 달이 온 천지를 비추는 때가 동서가 교체되는 때이다

무극대도　있지마는　무위이화　뉘알소냐
無極大道　　　　　　　無爲而化 함이 없이 저절로 되어감

무위이화　알지만은　천의인심　뉘알소냐
無爲而化　　　　　　　天意人心

천의인심　알았으면　세상만사　알련마는
天意人心　　　　　　　世上萬事
　무위이화의 조화로 세상을 개벽하는 것이 하날님의 뜻임을 알아야한다는 뜻

도인외에 뉘알소냐 사람마다 알게 되면
道人外

죽을사람 전혀없어 천지개벽 말할소냐
天地開闢

  결국 천지개벽은 착한 종자와 악한 종자를 골라내어 역사를 전승하는
  것이다

인개송지 원송하면 국태민안 절로된다
人皆誦之 願誦 사람마다 외우기를, 빌며 외우면
國泰民安 나라가 태평하고 백성이 편안하다

만수도인 우리아동 신통육예 누구누구
萬修道人 많은 수도인들 兒童
神通六藝 공자의 도통(道通)방법 예(禮), 악(樂), 사(射), 어(御), 서(書), 수(數) 등 6가지

육부팔원 뉘알소냐 한신제갈 그중에서
六夫八元   韓信 諸葛 한신장군과 제갈공명

경천위지 풍운대수 칠종칠금 할것이요
經天緯地 온천하를 다스릴 경륜 風雲大手 풍운을 다스리는 큰 능력
七縱七擒 일곱 번 잡았다가 일곱 번 놓아준 마음(제갈량)

비장용장 상중하재 기국따라 될것이니
飛將勇將   上中下才   器局 그릇의 양
  자기 그릇에 따라 상 중 하가 결정된다

안심하고 수도하소 나도또한 신선이라
安心   修道

때있으면 올것이니 하날님만 신지하소
                              信之

천지시운 뉘가알가 천의인심 같다하니
天地時運   天意人心
　천지의 시운으로는 하날님 뜻과 사람 마음이 같다고 하니

인심으로 보게되면 구불성언 가상이라
人心 인간의 욕심   苟(雖)不成言 진실로 말이 되지 않는다
嘉尙 갸륵하게 여김, 인간의 욕심으로는 하날님 마음을 알 수 없다는 뜻

무지한　　세상사람 애달하고 애달하다
無知   世上   애달: 몹시 안타까움

나도또한 하날님께 운수따라 분부 듣고
                  運數   盼咐 말씀 명령
　「임하유서」의 작자로서 하날님의 분부말씀을 세상에 전한다는 뜻

인간백성 허다사람 혹시약간 건지려고
人間百姓   或時 어쩌다가 若干

이글받아 이 세상에 동요같이 전해주니
              世上   童謠   傳

선한사람 알것이요 악한사람 어찌알고
善   惡

부지자는 사하고   능지자는 생활테니
不知者 死 진리를 알지 못하면 죽고 能知者 生 능히 알면 살 수 있다

상인해물 두지말고 수도하여 원송하면
傷人害物   修道   願誦
「임하유서」의 작자는 상인해물을 가장 큰 죄악으로 여기며, 수도는
주문을 원송하는 것을 강조한다. 그리하면 청림도사를 만난다

청림도사 만날테니 만행상교 제중하소
青林道師   萬行上教 높은 가르침을 많이 실천
濟衆 중생을 구제함
청림도사를 만나면 무극의 상제 하날님을 알 수 있다

남을속여 일시안은 앙급자손 전언이라
              一時安 일시적 편함 殃及子孫 재앙이 자손에 미침
傳言 전하신 말씀

천은지덕 있으리니 보국안민 하여보소
天恩地德 하늘의 은혜와 땅의 은덕 輔國安民 나라를 돕고 백성을 편안히 함

선도자는 난행이요 악도자는 이행이라
善道者 難行 착한 도는 행하기 어렵고 惡道者 易行 악도는 하기 쉽다

음해하는 저 소년들 빙글빙글 하는 소리

저러하면 도통할까 빙글빙글 하는소리
　　　　　　道通

가소절창 아닐런가 아서서라 아서서라
可笑絶脹 가히 창자가 끊어질 정도로 우습다

말하자니 번거하고 마자하니 불쌍하네
　　　　　번거: 몹시 어수선함

너의신세 가련하다 이재송송 알았으니
　　　　身勢　　可憐　　　　利在松松 이로움이 소나무에 있음
　　임진왜란 때는 소나무 松자가 붙은 마을은 난을 피했다

이재가가 하여보소 이왕가송 알았으나
利在家家 이로움이 집에 있음　　已往家松 이미 있었던 집과 소나무
　　홍경래난때는 집에서 난을 피했다. 과거의 송송, 가가는 이미 있던 일이다

이재궁궁 어찌알고 궁궁선도 기장하다
利在弓弓 이로움이 궁궁에 있음　弓弓仙道 궁궁의 신선도
奇壯 기특하고 장하다
　　앞으로 오는 난리에는 궁궁에 이로움이 있다는 것을 어찌 알겠는가. 집도
　　아니요, 소나무도 아니다. 오직 하늘 마음의 궁궁이다

운수따라 입한사람 기장하고 기장하다
運數　　　　　入　　　　　奇壯
　　운수 따라 입도, 입교한 사람은 참으로 기특하고 장하다

시구시구 조을시구 네가좋지 내가좋나

남아처세 호시절에 아니입해 무엇하랴
男兒處世　　好時節　　　　　　入
　남자로서 좋은 세상에 처해 좋은 도에 입도해야 한다는 뜻

하날님께 불효불충 이사람을 죽이려고
　　　　　不孝不忠
　하날님께 불효 불충한 사람을 죽이려고 괴질이 일어난다

십이제국 빙란날때 화성수성 빙침하니
十二諸國 온세상　病亂 전염병 난리　火星水星　　竝侵 아울러 침입함
　온 세상에 괴질이 난동할 때(지축정립) 불과 물이 같이 일어난다

살사람이 몇몇이냐 도인외에 누가알고
　　　　　　　　　道人外

태평성세 갱귀로다 성현군자 상중하재
太平聖世　　更歸　　聖賢君子　　上中下才
　병란이 지난 후에 태평성대가 다시 정해지며 상중하가 가려진다

분명한　　차세상에　무위화기　무궁이라
　　　　　此世上　　無爲和氣 무위의 화한 기운이 생명을 살린다

효제충신　예의염치　요순지풍　될터이니
孝悌忠信　　禮儀廉恥　堯舜之風 태평성대를 상징

초야공로 영웅들은 수도해서 성공하소

草野空老 헛되이 늙어감　英雄　　修道　　　　　成功
　전쟁터의 노병들이 쓸모없게 되었으니 이제 수도해서 성공해라

좌선우선　음양이니　궁을보고　도통하소
左旋右旋 좌로 돌고 우로 돌고　　弓乙　　　　　道通
　좌선의 양, 우선의 음에 궁을의 도통이 일어난다

음양이치　알게되면　천지정위　아느니라
陰陽理致　　　　　　　　　天地正位 천지의 바른 위치
　좌궁우을의 궁을 이치를 잘 알면 천축과 지축의 정립(正立)을 알 수 있다
　동학의 궁을기가 우주의 정립한 모양을 형상한 것이다

이같이　　　좋은도를　인개위지　허언이라
　　　　　　　　　　　　道　　　人皆爲之　虛言 사람마다 빈말로 여김

허도자는　무가내라　허도자가　없게되면
虛道者 도를 헛된 것으로 여기는 자　無可奈 어쩔 수 없다
　허도자나 배도자는 어찌할 수 없다

음양이치　알게되어　천하인이　다살을가
陰陽理致　　　　　　　　　天下人
　궁을로 음양의 이치를 바로 깨달아야 천하 사람이 살 수 있다

사람마다　다살으면　천지성패　있을소냐
　　　　　　　　　　　　天地成敗 천지가 성공하고 실패하는 것

이도역시　천운이라　인력으로　어찌할고
　　　　　　天運　　　　　　人力

선과 악을 잘 골라내는 것이 천지의 사명이다. 천지가 성공하기위해서는
착한 사람을 잘 골라내야한다. 사람이 억지로 어찌할 수는 없다

권도하면 들을손가 유복자가 절로된다

勸道 도를 권함 　　　　有福者 복 있는 사람

　도를 권해 잘 듣는 사람은 참으로 복있는 사람이다

부자형제 일신이나 운수역시 각각이라

父子兄弟 　　一身 　　運數 亦是 　　各各

　부자 형제가 다 한 몸이지만 받는 운수는 제각각이다.

　천도는 냉정하여 사사롭게 정(情)을 두지 않는다

천금일신 중히말고 지성으로 수련하소

千金一身 재산과 한 몸 重 　　至誠 　　修鍊

　재산이나 몸이 소중하지만 수도하지 않으면 오히려 방해물이다

길지찾아 가는사람 앉을좌자 알려거던

吉地 좋은 땅 좋은 곳 　　　　坐字

　길지찾아 정좌(靜坐)를 하려거든 마음을 한 곳에 정(定)해야한다

정할정자 하여보소 앉을좌자 알터이니

定 　　定字 '시천주조화정 영세불망만사지'의 정(定)자 공부

　앉아서 주문 13자를 열심히 외우면 정좌의 의미를 알 수 있다

알게되면 원송하소 심화기화 되느니라

　　　　　願誦 　　　　心和氣和

　그런 다음에는 끊임없이 원송해야 마음이 화하고 기운이 화해진다

일신기화 되게되면 일가춘이 되나니라
一身氣和 한 사람의 기운이 화하면 一家春 한 가정이 봄으로 화하고

만호기화 되게되면 일국춘이 되나니라
萬戶氣和 만 가정의 기운이 화하면 一國春 한 나라가 봄으로 화한다

이일을   본다해도 패도자가 어찌살고
              悖道者 도를 배반한자

유욕이면 불화하고 불화하면 행악이라
有欲   不和   行惡
  자기만 욕심내면 남과 불화하고, 불화하면 악을 행하게 된다

천필륙지 무섭더라 해인지심 두지말고
天必戮之 하늘이 반드시 죽인다 害人之心 사람을 해치는 마음
  악을 행하면 하늘이 용서하지 않는다. 특히 사람의 생명을 해치는 자는
  하늘이 반드시 먼저 죽인다

일심으로 인화해서 포덕천하 하여보소
一心   人和   布德天下 하날님의 덕을 세상에 폄

주자청림 모를러라 산도불리 수도불리
走者青林   山 不利 水 不利
  청림의 숲으로 들어가는 것이 제일이니 산과 물도 불리하다

어데가면 수도할가 수풀이라 하는 것이
              修道

처처유지 있건마는 산수불리 괴이하다.

處處有之 곳곳에 수풀이 있다   山水不利 궁을은 산도, 물도 아니다
  궁을은 산도 물도 아닌 제3의 나무, 사람에 생명의 기운이 들어 있다

누가알고 누가알고 후불급한 되느니라

                    後不及恨 뒤에 알면 미치지 못해 후회한다

피난가는 저사람은 일가친척 어인일고

避難   一家親戚

가는곳이 죽나니라 이길이   몰랐으니

  산도 아니고 물도 아닌데 어디로 피난을 간단 말인가

불쌍하고 가련하다 너도 또한 뜻있으면

            可憐

내말듣고 수도해서 충효염정 깨달을가

忠孝廉定 충성, 효제, 염치와   정할 정(定)자를 깨달아야 한다

깨달고   깨달으면 뉘아니   좋을소냐

  깨달음이 궁극의 목표이다

도도 좋고 때도좋네 궁을궁을 조을시구

道   弓乙弓乙

시재시재 조을시구 방초방초 조을시구

時哉時哉 때로다 때로다   芳草芳草 향기 풀

이같이   좋은도를 내가어찌 알았던고
          道

이말저말 다하자니 말도무궁 글도무궁
                          無窮

흥야부야 비해보니 이말저말 거울이라
興也賦也   比
『시경』에 흥야, 부야, 비야라 한 말마다 진리의 거울이다

무궁무궁 살펴내어 무궁무궁 알았으니
無窮無窮

효도역시 무궁이요 충도역시 무궁이라
孝   無窮   忠
「임하유서」는 충효염의 3가지를 가장 중요한 실천가치로 제시한다

무궁한   이 천지에 무궁한   네아니냐
無窮   天地 우주 無窮

사시사덕 복원하니 목청청이 청림이라
四時四德   復元   木青青   青林
 사시의 원형이정은 그치지 않고 돌고돌아 정(貞) 다음에 다시 원(元)으로
 가는데, 우주의 5행에서 목기운이 가장 중요하니 목청청이 바로 청림인
 것이다. 3·8목은 사람이니 청림은 바로 진리의 몸인 것이다

지사남아 낙락재를 실수없이 이뤄보세 ☯

智士男兒 樂樂哉 지혜있는 사나이는 즐겁고 즐겁다
  수도는 실수없이 성공하여야 한다. 청림의 진리는 '시천주조화정 영세불망
  만사지'의 13자 인간 그 자체 몸과 마음인 것이다

주1) 최령자(最靈者) :

『동경대전』「논학문」에서 사람의 존재를 표현한 말

주2) 효자와 충신 :

군사부(君師父)일체는 임금, 스승, 아버지를 섬김이 하나라는 의식.

忠臣出於孝子之門(충신출어효자지문)

충신은 효자 가문에서 나오고

以孝事君則忠(이효사군즉충)

효로서 임금을 섬김이 곧 충이다

주3) 우성재야(牛性在野) :

송아지는 엄마 소를 늘 부른다. 이는 소가 그 근원을 찾는 성품이 남다르다는
것을 의미하며, 사람도 우주의 근원을 찾는 것이 마음 공부의 처음이라는 뜻

주4) 도재인심(都在人心) :

『명심보감』에 소강절 선생이 말하기를(康節邵先生曰),

天聽寂無音(천청적무음)

천청(하늘의 들으심)은 고요하여 소리가 없으니

蒼蒼何處尋(창창하처심)

창창한 허공 어느 곳에서 하늘을 찾을 것인가?

非高亦非遠(비고역비원)

(하늘은) 높지도 아니하고 또한 멀지도 아니한데

都只在人心(도지재인심)

모두가 다만 사람의 마음속에 있는 것이라

주5 천필주지(天必誅之) :

『명심보감』의 「익지서」에 이르기를(益智書云),

惡鑵若滿(악관약만)

나쁜 마음이 가득차면

天必誅之(천필주지)

하늘이 반드시 죽인다.

장자가 말하기를(莊子曰)

若人作不善(약인작불선)

만일 사람이 불선(不善)을 짓고도

得顯名者(득현명자)

이름을 드러낸 자는

人雖不害(인수불해)

사람이 비록 해하지 못해도

天必戮之(천필륙지)

하늘은 반드시 죽인다.

주6) 신목여전(神目如電) :

현제(玄帝)가 훈계를 내려 말하기를(玄帝垂訓曰),

人間私語(인간사어)

사람간의 사사로운 말이라도

天聽若雷(천청약뢰)

천청(하늘의 들으심)은 우레와 같고

暗室欺心(암실기심)

어둔 방에서 속이는 마음이라도
神目如電(신목여전)
신목(신의 눈)은 번개와 같으니라

주7) 천망회회(天網恢恢) :

노자의 『도덕경』에 나오는 말로
天網恢恢(천망회회)
하늘의 그물은 넓고 커서
疏而不漏(소이불루)
엉성하지만 새지 않는다

주8) 소불로 (少不老) :

少不勤學老後悔(소불근학 노후회)
젊어서 부지런히 배우지 않으면 늙어서 뉘우친다

주9) 물욕교폐(物慾交蔽) :

『용담유사』「도덕가」에 나오는 말.
번복지심 두게 되면 이는 역시 역리자(逆理者)요, 물욕교폐(物欲交弊) 하게 되면
이는 역시 비루자요, 헛말로 유인하면 이는 역시 혹세자요, 불량하고 겉으로
꾸며내면 이 역시 기천자(欺天者)라.

주10) 청괴(靑槐) :

『격암유록』「말중론」에 나오는 말.
靑槐滿庭之月(청괴만정지월)
푸른 회나무 뜰에 가득한 달

주11) 육부팔원(六夫八元) :

다른 판본에는 유복불원(有福不遠)이라고 엉뚱하게 적고 있다. 앞에 설명한 바와 같다. 『임하유서』도 수운교에서야 정확히 알수 있다.

주12) 흥야부야(興也賦也) :

『용담유사』 「흥비가」에 나오는 말. 본래 물건을 비유하여 노래하는 것으로 『시경』에 나오는 말. 흥야부야비야(興也賦也比也)

주13) 지사남아(智士男兒) :

『동경대전』 「화결시」에 나오는 구절
春宮桃李夭夭兮(춘궁도리요요혜)
봄철에 복숭아꽃 오얏꽃 곱고 고움이어
智士男兒 樂樂哉(지사남아 낙락재)
지혜로운 사나이는 즐겁고 즐거우리라

九. 무궁화(無窮花)

☞

이 「무궁화」는 1929년 봄에 수운교에서 방호 박종각(朴鍾珏)이 기도 중에 강서(降書)로 받은 것이다. 집필연대와 장소가 확실하다. 천지의 태초를 천황씨로부터 시작하여 목덕(木德)을 강조한 것과 '단군천년'이라는 말이 나오는 것이 특징이다. 그 밖에 레닌, 윌슨, 니콜라스 등의 세계의 인명과 모스크바 등 세계의 지명이 등장한다. 이것은 예언의 안목이 가히 세계적인 것임을 말해준다. 20세기초의 급박한 세계정세와 다가오는 문명지란(文明之亂)을 꿰뚫어 보았다는 뜻이다. 헌팅톤의 문명충돌론보다 60년을 앞서 보았다. 서양문명을 반딧불에 비유하여 비난하고 있으며, 제사를 부정하는 서양종교에 대해 천당은 고사하고 지옥도 못 간다고 질타한다. 이처럼 천지가 혼몽한 가운데 나온 궁을의 진리가 세상을 밝히지만, 아직도 세상은 어둠속을 방황하고, 종교마저 천도적(天盜賊)이 되었으니 어찌 천강오형(天降五刑)이 내리지 않겠는가.

그러므로 물고기가 용이 되듯 비룡재천하여 만백성 구제할 것을 주문한다. 그리하여 원형이정의 밝은 길과 정심정기로 수도하여 도인마다 성인이요, 사람마다 군자되고, 도성덕립(道成德立)으로 지상신선(至上神仙)될 것을 주장하고 있다. 도인과 사람을 구별하고 성인의 길을 제시한다. 도인마다 성인이 된다는 말은 수련수도의 보편성을 강조한 말이다. 특정한 인물에 의지하는 중생구제보다도 도법(道法)에 따라 공부하는 모든 도인마다 성인의 자격으로 중생구제에 나설 수 있다는 개방적 중생구제관은 이 노래의 큰 특징이며, 가치이다.

끝으로 이 글에서 우리의 국화인 무궁화 꽃은 민족의 주체성을 상징할 뿐만 아니라, 천상의 만다라화(천상의 연꽃) 꽃에 비유되어 개벽과 희망의 꽃으로 등장한다. 그러나 중국의 고사 인용이 너무 번삽한 것이 흠이다. 인쇄본 가운데 문맥이 이상한 곳은 조용기의 필사본을 참고하여 고정하였다.

핵심어 : 대정운수, 혼원지기, 광제창생, 육정육갑, 후천개벽, 국태민안, 동출조선, 기부자, 단군천년, 유불선, 불사약, 서양적, 천지근본, 무왕불복, 단기유풍, 구변구복, 궁궁을을, 용담수류, 정경도, 건북곤남, 이재궁궁, 소두무족, 어변성룡, 춘말하초, 물수탈승, 도인성인, 지상신선, 유일집중, 불연기연, 도성덕립, 영침녹수, 천도적, 문명지란, 천강오형, 정심정기, 원형이정, 오만년의, 무극대도, 평생수명, 삽십육천, 무궁화, 사해운중

천지개벽 살펴보니 십이회로 성도로다

天地開闢 우주가 처음 열림　　　十二會　　　成道 도를 완성하다

하루가 12시간으로 나뉘는 것처럼 우주의 큰 시간도 12회로 나누어 도를
이룬다

대정운수 취산하니 십이만구천　　육백년이라

大定運數 우주의 큰 수　取算 계산하니　十二萬九千六百年 129,600년
　우주의 1년을 1원이라 한다. 그 1元이 129,600년. 이것은 중국의
　소강절이 정한 수

혼원지기　자야반에　천황씨가　나셨구나

渾元之氣 태초의 기운　子夜半 우주의 첫시간　天皇氏 인간의 첫임금
　하늘 땅이 갈리지기 전 우주는 혼돈이었다. 자(子)시에 혼원한 기(氣)가
　처음으로 움직여 하늘이 열리고 천황씨가 나왔다

고명하신　십이형제　천륜지성　타고나서

高明　　　　　十二兄弟　　　　天倫之性
　천황씨에는 모두12형제가 있었으니 각각 10,800년을 다스렸다

목덕이왕　무위화기　만팔백년　운수로다

木德以王 목덕으로 왕이 됨　無爲和氣 무위의 화한기운　萬八百年 運數
　첫임금 천황씨가 목의 덕으로 세상을 저절로 다스리니 그 기간이
　10,800년이었다

천계시명　축시초에　지황씨가　나셨구나

天鷄始鳴 하늘닭이 첫우니　丑時初 땅이 열리는 시간　地皇氏
　지황씨가 땅이 열리는 두 번째 시간에 나오다

박후하신　십일형제　토덕이왕　지도정해

朴厚　　　　　十一兄弟　　　　土德以王　　　地道定 땅의 도를 정하다

지황씨가 토의 덕으로 세상을 다스리니 모두11형제였다

사해오악 맑은정기 만팔백년 운수로다

四海五岳 네 바다와 다섯 산악　　萬八百年　　　　　運數

　지황씨가 땅의 맑은 기운으로 10,800년을 다스리다

천지합덕 삼재정해 인황씨가 탄생이라

天地合德　　　　三才定　　　人皇氏　　　　誕生

　천황씨와 지황씨가 하나로 합덕하여 인황씨가 탄생하니 비로소 천지인의
삼재가 정해지다

인빈일출 밝은날에 구형제　　깊은은정

寅賓日出 뜨는해를 공경히 맞이함　九兄弟　　　　　恩情

　인황씨는 새벽 해돋는 세 번째에 나오니 모두 9형제. 천황씨는 12형제,
지황씨 11형제이니 모두 32명이다

구주분장 화기중에　만물화생　하였구나

九州分長 9주로 나누어 장이 됨　和氣中 萬物化生 만물이 화해 나옴

　9형제가 9주의 장이되어 다스리니 화한 기운속에 만물이 나오다

삼재지리 정했으니 도지대원 여기로다

三才之理　　　定　　　　道之大源 도의 큰 근원

　대도의 근원은 천황 지황 인황의 삼횡(삼재)에 있다

일백오십 성자신손 사만오천 육백년이라

一百五十　　　聖子神孫　　四萬五千　　　六百年

　인황씨 9형제가　9주로 나누어 150대를 다스리니 45,600년간 지속되었다

무위화기 자연도덕 태고세상 여기로다

無爲和氣　　　自然道德　　　太古世上 태초의 첫 세상
　억지로 함이 없이 무위의 화한 기운으로 자연적인 도덕으로 세상을
　다스리니 여기까지를 태고(太古)의 자연이라 칭한다

유소씨의 궁실제도 구목위소 하여있고

有巢氏 집을 만든 사람　宮室制度　構木爲巢 나무를 얽어 집(巢)을 만듦
　『십팔사략』에 의하면 삼황씨 후에 유소씨가 나와 집을 지어 거처하는
　법을 내놓았다. 이것이 유소씨의 궁실제도이다

수인씨는 불을내여 교민화식 하였구나

燧人氏 부싯돌 만든 사람　　　教民火食 백성에게 화식을 가르치다
　수인씨가 나와 불을 만들어 음식을 익혀먹는 법을 내놓다. 천황씨로부터
　수인씨까지를 태고(太古)시대라 한다. 이하 복희씨부터는 상고(上古)시대라
　한다

계천입극 복희씨는 사신인수 아니신가

繼天立極 왕에 오름　伏羲氏　蛇身人首 뱀의 몸에 사람의 머리
　복희씨가 하늘의 뜻을 받들어 임금에 올랐다. 천지개벽이후 삼황씨가
　무위자연으로 정치를 했고, 이어 복희씨부터 처음으로 인간의 지혜로써
　첫 왕이 되다. 뱀의 몸은 동이족인 복희씨를 업신여긴 말. 복희라는 말이
　우리말로 '밝은 사람'이라는 뜻이다

하수에　　용마나서 시획팔괘 하였었고

河水　　　龍馬 하늘을 나는 말　始劃八卦 처음으로 팔괘를 그리다
　하수물에서 용마의 하도가 나오자 복희씨가 이를 본받아 팔괘를 그리다.
　사람이 자연의 시대를 지나 지혜를 갖게 된 존재임을 말한 것이다

건남곤북 리동감서 차차정위 되었구나

乾南坤北 건은 남, 곤은 북　離東坎西 리는 동, 감은 서
次次定位 차례로 8괘의 자리를 정하다. 이것이 복희팔괘도이다.
　이는 사람이 우주 8방에 위치를 정해 천지와 합일하는 생활이
　시작되었다는 뜻이다

혼돈씨께 돌아와서 공공씨가 작란하고

混沌氏 남해와 북해사이에 있는 혼돈왕　工共氏　作亂
　공공씨가 황제에 오르고자 전욱과 다투다가 화를 내다

부주산을 두촉하니 천지경위 되었구나

不周山 하늘을 지탱해 주는 기둥산　頭觸 머리로 부딪치다
天地傾危 하늘과 땅이 그로인해 기울다
　화가 난 공공씨가 하늘기둥을 부딪쳐 하늘은 서북쪽으로 기울고, 땅은
　동남쪽으로 가라앉아, 하늘에 구멍이 뚫려 홍수가 지다

여와씨의 무궁조화 연석보천 하여놓고

女媧氏 복희씨의 누이동생　無窮造化
硏石補天 오색돌을 빚어 하늘 구멍을 기웁다
　여와씨가 구멍난 하늘을 돌로 갈아 빚어서 구멍을 막아 홍수를
　그치게하다. 여와씨는 補天(하늘을 기움), 희화씨는 浴日(해를 목욕시킴),
　합하여 補天浴日之功이라 한다

신호천지 갱정하니 천지개벽 이아닌가

新戶天地 새로 지은 천지　更定 다시 고쳐 정함　天地開闢
　홍수가 그치자 천지가 새로 지은 집처럼 개벽이 되다

태평연을 배설하고 보천지공 축수할제

太平宴 큰잔치 排設 늘어서 설치 補天之功 하늘을 보수한 공덕 祝手
  여와씨가 하늘의 홍수를 막은 큰 공덕을 축수하기 위해 큰잔치를 베풀다

오음육률 갖춰노니 시작생황 시호로다

五音六律 다섯 소리와 여섯 음률 始作笙簹 여와가 만든 악기 時乎 때로다
  여와씨가 남녀사랑을 위해 처음으로 악기를 만들고 음악을 베풀다

사황씨의 높은경륜 시제문자 시호로다

史皇氏 창힐씨   始制文字 처음으로 문자를 만들다
  창힐씨가 높은 경륜으로 글자를 만들다. 중국 서안의 섬서성 백수현에는
  28자가 새겨진 창힐 조적비가 있다. 그것을 우리 민족의 신지글자라 한다

신농씨는 뇌사지어 교민가색 시호로다

神農氏 농업의 신 (作)耒耜 쟁기와 보습 敎民稼穡 곡식을 심고 거두는 일
  신농씨는 쟁기와 보습을 만들어 백성들로 하여금 농사짓는 법과 불을
  쓰는 법을 가르치다. 그래서 염제(炎帝)라고도 한다

의약을   발명하여 광제창생 시호로다

醫藥   發明   廣濟蒼生 널리 백성을 구제하다
  또 신농씨는 또 백가지 약초를 맛보아 의약을 발명하여 창생을 구제하다

제유가   실덕하니 치우가   일어나다

帝楡 신농씨의 후예 失德 덕을 잃다 蚩尤 동이족의 장수이며 천황
  중국사람들은 치우를 나쁜 사람으로 묘사하고 있으면서도 자기들
  조상으로 받들고 있다. 그러나 치우는 청구나라를 열은 동이족의
  천황이다. 『환단고기』에 의하면, 치우천황이 신농씨의 7대 후예인 제유를

병합하였고, 81형제가 있었다고 한다. 중국사람들은 치우와 동이족을
난을 일으키는 무리로 왜곡해 놓았다. 본문의 '치우가 작난하다'를
바로잡았다

천지가   혼암하고 사해가   풍진이라
天地   昏暗 어둠   四海   風塵 바람과 티끌

황제씨   간과익혀 이정불향 시호로다
黃帝氏   干戈 방패와 창, 병기 以征不享 조공하지 않는 제후를 치다
　신농씨의 후손들이 실덕하자 황제 헌원이 일어나 무력을 앞세워
　조향(朝享)하지 않는 제후들을 정벌하고 즉위하다

하도를   다시받아 육정육갑 붙여놓고
河圖   六丁六甲 하늘의 신병(神兵)
　복희씨때 나온 하도를 다시 받아 황제가 육정육갑을 담당한 신병에게
　기도하다. 치우천황이 워낙 강대한 지라 황제가 치우와 싸우기 위해
　신병의 힘을 이용하다

주거를   지어내어 광제창생 시호로다
舟車 배와 수레를 만들다   廣濟蒼生
　황제는 수레를 만들었다하여 헌원(軒轅)이라고도 한다

의관문물 제정하니 천지개벽 되었도다
衣冠文物 制定   天地開闢
　중국 황토땅을 다스렸다하여 황제라하며, 중국문화의 기초를 놓다

이렇다시 밝은세상 다시혼돈 된단말가
                        混沌

범려가　작란하야　마왕마귀　작란하니
凡呂　　　作亂　　　魔王魔鬼
　범려의 행적은 잘 알 수 없다. 세상을 어지럽힌 것을 말하는 듯?

남정중　화정려로　사천사지　하였구나
南正重 남정인 중　火正黎 화정인 려　司天司地 하늘과 땅을 주관함
　남정인 중에게 하늘을 맡기고, 화정인 려에게 땅을 맡겨 주관하게 함.
　이는 초어에 나오는 絶地天通(절지천통: 하늘과 땅의 소통을 끊음)의 고사에
　있는 말이다

기산영수　별건곤에　소부허유　놀아있고
箕山穎水 기산의 영수　別乾坤 별천지　巢父許由 자연과함께 산 두 현인
　은자(隱者)인 허유가 숨어살다가 벼슬을 준다는 임금의 말을 듣고 귀를
　씻고 소부와 같이 살았다는 고사가 있다. 임금의 명령도 거절했던 옛
　선비의 절개와 지조를 상징한다

요지일월　밝다해도　홍수도천　무삼일고
堯之日月 요임금 시대　　　　　洪水滔天 물이 차고 넘침
　요임금 같은 태평시대에도 홍수가 있었다. 아들 단주에게 왕위를 주지
　않고 순에게 주다

순지건곤　돌아드니　팔원팔개　모아놓고
舜之乾坤 순의 천지, 순의 시대　八元八愷 8명의 선량한 신하와 8명의 재사
　이렇게 순임금은 16명의 훌륭한 신하를 두어 선정을 베풀다

사흉을　　출찬하고　구년홍수　다스릴제
四凶 네명의 나쁜신하　黜竄 벼슬을 빼앗고 내쫓음　九年洪水

세상을 어지럽힌 네명의 신하(공공, 곤, 환도, 삼묘)를 내쫓고, 9년 홍수를
다스리다. 순에게도 상균이라는 아들이 있었으나 홍수 막는데 공이 많은
우(禹)가 즉위하다

대우의   노심초사 삼과기문 불입이라

大禹   勞心焦思
三過其門(而)不入 집앞을 세 번 지나가면서도 우임금이 집안에 들어가지 않다.
  이 때 단군임금의 아들 부루가 우(禹)를 가엽게 여겨 도산에서 만나 홍수
  다스리는 치수법을 일러주다

남훈전   명월야에 오현금을 희롱하니

南薰殿 순의 궁전 明月夜   五絃琴   戲弄

천하에   대효자요 만고에   성천자라

天下   大孝子   萬古   聖天子
  순임금은 이복동생 상(象)이 괴롭혔으나 양친부모를 극진히 모셔 효자로
  이름이 남다

하우천지 돌아드니 낙수에   영구나서

夏禹天地 하나라 우임금시대   洛水   靈龜 신령한 거북
  하의 시조 우가 다스릴 때 낙수가에 거북이가 무늬를 지고 나오다

홍범팔정 닦아놓니 후천개벽 이아닌가

洪範八政 홍범의 8가지 정사   後天開闢 새로운 시대로서의 개벽
  우가 홍수를 다스릴 때 하늘에서 낙서를 주니, 이를 펴서 「홍범」이라하다.
  이로부터 홍범구주가 출현하니 선천하도와 다른 후천낙서가 시작된다.
  낙서는 하도에 대한 후천일 뿐, 우리가 기다리는 그 진정한 후천은 아니다

성자신손 계계승승 오백년　　지낸후에

聖子神孫　　　　繼繼承承　　　五百年

　우임금으로부터 하(夏)나라 약500년 역사가 지속되다

폭악무도 하걸이가 어인육인 한단말가

暴惡無道　　　夏桀 폭군 걸왕　魚人肉人 인육을 먹게한 일

　하나라 마지막 17대 걸왕이 폭군으로 주지육림(酒池肉林)의 주색에 빠지고
　어진 신하들을 죽이다. 결국 하(夏)는 멸망하다

성탕의　　　어진성덕 신야농부 이윤얻어

成湯 은나라 시조　　　　聖德　　莘野農夫 유신의 들 농부　伊尹

　성탕이 걸왕을 멸하고 어진 신하 이윤의 도움으로 은(殷)나라를 세우다.
　이윤은 유신(有莘)이라는 들판의 농부였다가 유명한 재상이 되다. 은나라의
　처음 이름은 그 부족이 상(商)이므로 상나라라 칭했다

조민벌죄 하였으니 제세안민 아닐런가

弔民伐罪 백성을 위로하고 죄를 침　濟世安民 세상을 구해 백성을 편안히 함

　『천자문』에 弔民伐罪周發殷湯이라 했으니 은탕은 성탕이 걸왕을 친 것,
　주발은 무왕이 주(紂)왕을 친 것을 말함. 그러나 『천자문』의 역사관은
　왜곡도 없지 않으니 주의해야 한다

국태민안 밝은세계 칠백년　　　운수로다

國泰民安　　　　世界　七百年　　　　運數

　동이족인 은(상)나라가 약 700년을 지속하다. 은멸망후에 주나라(B.C.
　1027년)가 서다. 당시 대륙은 은, 주, 조선의 3국이 쟁패했다

기산으로 돌아드니 봉명조양 시호로다

岐山 문왕의 근거지　　　　　鳳鳴朝陽　　　時乎 이때로다
　기산의 남쪽 조양에서 봉황이 울다. 이는 새 왕이 출현할 징조이다.
　기산은 본래 문왕의 조부가 태어난 곳이며, 기산 아래 주원(周原)에 도읍을
　정했다하여 주(周)나라이다. 아들 무왕이 주나라를 세우다

주문왕의　성덕으로　삼분천하　유기이라

周文王 주의 문왕(이름 昌)　　　　　三分天下　有其二 3분의 2를 차지하다
　주나라의 문왕이 천하의 3분의 2를 차지하고도 은나라를 섬겼다는
　고사에서 나온 말

이복사상　하였으니　그아니　　성덕인가

以服事商 복종함으로써 은나라를 섬기다　　　　　　聖德
　상(商)나라는 300년만에 은허(殷墟)로 수도를 옮기고 국명을 은(殷)으로 함.
　상(商)은 곧 은나라

위수강변　강태공은　사상보가　아니신가

渭水江邊　　　　姜太公 태공망　師尙父 문왕이 스승을 높여 부름(父는 보)
　문왕이 위수강변에서 낚시질하던 강태공을 만나 아버지같은 스승으로
　삼음.『천자문』에 반계이윤(磻溪伊尹)의 고사가 전함. 반계는 강
　태공이 낚시질하던 곳

주문왕의　높은공덕　불기이회　팔백제후

周文王　　　　　　　　　　不期以會 八百諸侯 기약없이 800제후가 모임
　무왕이 은나라를 칠 때 맹진 땅에 800제후가 우연히 모였다는 고사.
　이것은 문왕의 공덕이 컸다는 말

태공선생　무궁조화　주왕달기　토멸하고

太公先生　　　　無窮造化　　　紂王妲妃 주왕과 달기　討滅

강태공이 은나라 군사의 동태를 파악하여 마지막 왕 주왕과 애첩 달기를
토멸함. 주왕은 불속에 들어가 자살함. 이 때 무왕은 은나라 주왕의
신하로서 혁명을 한 것으로 신하가 임금을 쳤다는 비난도 있다. 대개
주왕이 폭군으로 묘사되었으나, 이는 승자가 역사를 왜곡한 것일 수도
있으니, 잘 살펴보아야 한다

천하종주 하올적에 만세청풍 백이숙제

天下宗周 천하의 종주국이 되다　　萬世淸風　　　伯夷叔齊 두 형제

천하가 주나라를 종주국으로 삼았으나 백이와 숙제는 신하가 임금을 친
것을 부끄러워했다(天下宗周而伯夷叔齊恥之). 주왕의 폭정보다도 무왕의
혁명이 더 나쁘다는 의미이다. 그의 절개는 만세토록 아름답고 빛나다

수양산에 아사하고 동출조선 기부자는

首陽山　　　　　餓死　　　　　　東出朝鮮 동쪽 조선으로 가다　箕夫子

수양산에 들어가 은나라에 충절을 지키기 위해 밥을 먹지 않고 고사리만
캐먹다가 죽다. 기자는 주나라를 피해 동쪽에 있는 조선으로 들어가다.
기자를 조선의 왕으로 봉했다는 말은 거짓말이다

홍범팔정 밝혀놓고 단군천년 뒤를이어

洪範八政 홍범의 팔정구주　　　　檀君千年 단군의 천년역사

기자(箕子)가 우(禹)의 홍범을 구주로써 베풀어 대경대법을 세우다. 기자가
조선에 들어와서 왕이 된 것은 아니다. 흔히 단군천년, 기자천년을
말하나, 그것은 역사적 사실이 아니고 단군2천년이다. 기자는 난을 피해
조선에 망명한 것이지, 조선에 나라를 세운 것은 아니다. 기자는 「홍범」의
역성(易聖) 일뿐이지, 군왕이 아니다. 기자에 대한 조선 선비들의 잘못된
우상화가 조선역사를 망치고, 기자를 망쳤다는 것을 교훈으로 삼아야
한다

팔조목을 밝혀내니 하청천년 이아닌가

八條目 8가지 금법(禁法)　　　　　河淸千年 황하 물이 1천 년 만에 맑아지는 기적

　기자가 혼란한 시대를 지나 비로소 낙서의 이치를 홍범구주로써 무왕에게

설명해주니 비로소 흐린 물이 맑아지듯이 천도가 새롭게 드러나다.

혁명가 무왕이 기자에게 대도를 묻자, 기자가 답변한 것은 후세에 도를

전하기 위한 것이지 무왕을 인정한 것과는 별개의 문제이다. 기자가

무왕에게 아첨한 것이 아니다. 다만 대도를 설파한 것은 도학적 입장이다

주공의　　　어진도덕 제례작악 하올적에

周公　　　　　　　　　　道德　　制禮作樂 예법과 음악을 지음

　주공은 무왕의 동생이자, 어린 왕인 성왕의 삼촌으로 정사를 잘 돌보다

삼악삼토 하였으니 도지대원 이아닌가

三握三吐 세번 잡고 세 번 토하다　道之大原 도의 큰 근원

　주공이 사람을 대할 때, 손님이 오면 감던 머리를 세 번 쥐고, 먹던 밥을

세 번 토한 일. 이렇게 문왕 무왕 주공에 이른 것이 유학의 근원이

되었다는 말

석산도로 돌아드니 영산세계 여기로다

釋山道 석가 산의 도　　　　　　靈山世界 석가가 설법한 영취산의 세계

　앞에까지는 유도(儒道)를 말하고, 여기서부터는 불도(佛道)를 말한다

여래세존 석가불은 유아독존 하였구나

如來世尊 釋迦佛 여래세존인 석가모니불　唯我獨尊 내가 홀로 높다

　석가의 제일성은 '천상천하 유아독존'이라 했다. 이는 깨달은 진리와

깨달은 사람[覺者]의 위대함을 설파한 것

설산고행 육년만에 사십구년 설법하니

雪山苦行　　　六年　　　　四十九年　　　說法
　29세시에 설산에 들어가 고행정진하여 대각을 이루고, 49년 동안 세상에
　설법함. 80세에 열반하였다고 전함

사람마다 성불하여 연화세계 되었도다

　　　　　　　成佛 사람이 부처가 됨　蓮花世界 연꽃세계, 불국토

함곡관에 돌아드니 자운기운 가득하다

函谷關 진나라 입구에 있는 노자의 은거지　紫雲氣運 상서로운 붉은 기운
　여기서부터는 노자 선도(仙道)에 대한 설명이다. 그러나 중국 선도의
　근원은 단군의 선도에 있는 것이다

오천여언 도덕경은 청우배상 실었으니

五千餘言　　　道德經　　　　青牛背上 푸른소(검은소) 등위
　노자 이이가 청우를 타고 함곡관에 들어가 은거하다. 소 등위에
　『도덕경』을 실고 들어갔다는 비유

선인도술 분명하다 태상노군 아니신가

仙人道術　　　　　　　太上老君 이이 노자에 대한 높임말

칠리촌　　찾아드니 행단춘풍 화기중에

七里村　　　　　　　　杏壇春風 행단의 봄바람　和氣中
　공자가 태어난 곡부에는 공묘(孔廟;사당), 공부(孔府;거주지), 공림(孔林;묘)이
　있는데, 공부까지의 길이가 2.5km이다. 그래서 7리라고 했는지 모르겠다.
　행단은 공자가 제자를 가르친 곳, 은행나무를 심은 것에서 유래.
　여기부터는 공자 이후의 유학에 대한 설명이다

만고대성 공부자가 주공연원 이어내여
萬古大聖　孔夫子　周公淵源 주나라 주공의 예법
　만고의 큰 성인인 공자는 주나라의 예법을 기본으로 삼았다

요순지도 증수하니 삼천제자 진퇴하여
堯舜之道 요와 순의 도　重修 다시고침　三千弟子 3천의 제자　進退
　공자는 요순의 심법과 주공의 예법을 계승하였다

칠십이인 신통육예 안증사맹 도통이라
七十二人　身通六藝　顔曾思孟　道通
　공자의 3천제자 중에 6예의 신통을 이룬자가 72인이다. 그 중에 안자
　증자 자사 맹자 4인이 도통의 4성(聖)이 되다

주나라　성한세상 정치도　좋을시고
周　盛　政治

유불선이 병출이라 도덕도　장하도다
儒佛仙 并出 유교 불교 선교가 함께 나옴　道德

이같이　밝은도덕 우주에　양양터니
道德　宇宙　洋洋 끝없이 펼쳐있음

일천년　못지내어 무도한　진시황이
一千年　無道　秦始皇
　진나라는 B.C.221년에 진시황이 건국, 주나라로부터 진나라까지는 825년

분서갱유 하였으니 그아니　원통한가

焚書坑儒 책을 불사르고 유학자를 생매장함　　　怨痛 분하고 억울함

아방궁　　높은곳에　만년장생　하려하고
阿房宮 진시황의 궁전　　　　萬年長生 죽지 않고 오래 삶

방사제인　서시블러　동남동녀　데리고서
方士諸人 신선의 술법을 닦은 사람　徐市 진시황 때의 도사　童男童女
　동남동녀 3천을 거느리고 불사약을 구하기 위해 삼신산에 들어감

불사약을　구하려고　동해상에　들어가서
不死藥 주지않는 약　　　　東海ㅏ 동해에 있는 삼신산

해중지국　건설하고　일거불반　하였구나
海中之國 바다속 나라　　　　一去不返 한번 들어가 돌아오지 않음
　서시는 서불이라고도 함, 서시는 불사약을 구해 진시황에게 돌아가지
　않고 동해 바다속의 나라(한국)에 들어가 살았다고 함

어리석다　진시황이　녹도서를　오해하고
　　　　　秦始皇　　　　錄圖書 비결, 예언서　誤解 잘못 알고
　비결서에 실린 망진자호야(亡秦者胡也: 진나라를 망칠 자는 호이다)라는 말에서
　호(胡)를 흉노로 잘못알고 만리장성을 쌓음

허축방호　하였다가　이세망국　하단말가
虛築防胡 호를 막으려고 공연히 성을 쌓음
二世亡國 아들인 호해(胡亥)가 나라를 망치게 하다.
　진을 망하게 한 것은 흉노의 호(胡)가 아니라 진시황의 아들인 2세왕
　호해(胡亥)였다는 고사. 적은 외부에 있지 않고, 내부에 있다. 이 고사는
　「몽중노소문답가」에 전하는 말이다

만고사적 살펴보니 성쇠흥망 그러하니

萬古事蹟 오랜 역사의 사적

盛衰興亡 성하면 쇠하고, 흥하면 망하는 순환 반복의 이치

요순정수 밝은날도 일중즉신 되었어라

堯舜正數 요순의 바른 역수

日中則申 해가 중천을 지나 신시(申時3시-5시)에 이르러 기운다.

　아무리 밝은 태양도 오후에는 기우는 법이다. 日中則昃(측)이라 표
　기하기도 한다

공맹석양 노양운수 일락서산 되었구나

孔孟夕陽 공자, 맹자는 해지는 석양　老陽運數 늙은 양

日落西山 해가 서산에 떨어짐.

　요순이 오후3시 운이라면 공자는 오후5시, 석양의 해지는 운수에 태어나
　세상을 제도함. 이는 새날이 온다는 암시이다

육도옥에 황혼운수 정주병촉 희미하다

　　　　　黃昏運數 해가 지고 어두운 때의 운수에

程朱秉燭 정자 주자가 태어나 촛불을 잡고 밝히나 희미하다

침침칠야 그믐밤에 이매망량 세계로다

沈沈漆夜 아주 캄캄한 밤

魑魅魍魎 이매는 산과 내의 도깨비, 망량은 나무와 돌의 도깨비.

　해가 지자 이들 귀신들이 나타나 인간세상을 혼란스럽게 만들다

요망한　　서양적이 건곤장야 수천년에

妖妄 요사스럽고 망령됨　西洋賊 서양도적　乾坤長夜 천지 어두운 긴 밤

서양의 요망한 문명이 수천년을 내려오다가 어지러운 때에 동양을 침입함

반딧불을 잡아놓고 거소위   도덕이라고
                  擧所謂 추켜들고 하는 말
서양문명이 겨우 반딧불에 불과한데 동양 앞에 추켜들고 세계의 도덕이라
자랑하니 슬프다는 뜻

세계에   자랑하니 그아니   가련한가
世界   可憐
서양사람들이 겨우 반딧불을 가지고 큰 등불처럼 자랑하니 불쌍하다

성신이니 구세주니 천사라   자칭하고
聖神   救世主   天使   自稱
구세주를 자처하는 서양종교에 대한 비판이다

백년전쟁 십년전쟁 구제한것 무엇있나
百年戰爭 1337년에 발생한 영국과 프랑스 사이의 전쟁
구세주를 빙자해 전쟁을 일삼은 서양에 대한 비판이다. 동양에 쳐들어온
목적도 전쟁을 일으키려는 것이 아닌가

저의부모 죽은후에 신도없다 주장하고
        父母   神
저의 부모 죽은 후에 신도없다 주장하고

제사조차 아니하니 천지부모 생육대덕
祭祀   天地父母   生育大德
서양처럼 제사를 지내지 않는 것은 천지부모가 낳고 길러준 큰 은덕을
배반하는 것이다. 제사라는 의식은 천지와 인간이 하나되는 것이지,
우상화가 아니다

근본조차 잊을소냐 저의부모 없는영혼
根本   父母   靈魂

 부모의 제사를 지내지 않는 것은 영혼이 없다는 뜻인데, 자기 자신은
 영혼이 있어 천당만 찾느냐는 말이다. 내 영혼이 있으면 당연히 부모의
 영혼이 있는 것인데, 언제까지 하늘이치를 속이려 하는가

저는어찌 유독있어 천당가고 무엇하고
          惟獨   天堂

 저 홀로만 영혼이 있어 천당간다는 것은, 남은 영혼이 없어 지옥간다는
 말이니, 스스로 자가당착에 빠지는 것이다. 영혼은 인간 전체의 문제이지,
 너와 나를 구별할 성질이 아니다

어리석다 저인생아 천지근본 아주잊고
                  天地根本

천당은   고사하고 지옥도   못가리라
天堂   姑捨 커녕 地獄

가석하다 너의인생 구령속죄 고사하고
可惜 애틋하게 안타깝다   救靈贖罪 영혼을 구원받고 죄를 씻음

귀신중에 마귀되어 만년징역 면할소냐
鬼神中   魔鬼   萬年懲役   免

천운이   순환하사 무왕불복 되나니라
天運   循環   無往不復 가면 돌아오지 않음이 없다

 천지운수는 돌고 돌아 결국 가면 오는 법이다. 천지는 사시의 무궁한

순환과 같다

동방명성 도루뜨고 천계일성 악악하네
東方明星 동방의 샛별 다시 뜨고 天鷄一聲 하늘 닭이 한번 크게 우니

동천명월 밝은달이 우주간에 배회하고
東天明月 동쪽하늘 밝은 달   宇宙間   徘徊 이리저리 거닒

아동방   현인군자 삼강오륜 다시밝혀
我東方 우리나라 賢人君子   三綱五倫

단기유풍 중수하니 중화가   부럽잖네
檀奇遺風 단군과 기자의 남긴 문화   重修 다시 닦음   中華
  고대 단군의 찬란한 문화가 다시 피니 중국이 부럽지 않다. 단기란 말은
  『단기고사』에서 말하는 단군과 기자(奇子, 箕子)인 것 같다. 『단기고사』를
  번역한 해암 김두화는 수운교에 기거하며 이 책을 저술하였다

노양지도 이운수가 오백년   지낸후에
老陽之道 이조 500년이 노양운수

성쇠지리 못이겨서 혼돈세계 되었구나
盛衰之理 성하고 쇠하는 이치를 이기지 못하고 쇠퇴하여   混沌世界
  이조 말기가 쇠퇴하는 운수에 빠져 혼돈세계가 되다

삼강은   무너지고 오륜은   간곳없다
三綱   五倫

가련할사 세상사가 좌이대사 된단말가

可憐　　　　　世上事　　　　　坐而待死 앉아서 죽기만을 기다린다
　아무리 혼돈세상에 빠졌다하더라도 앉아서 죽을 수는 없지 않은가

동서양　세계형편　구변구복　되리로다

東西洋　　　　世界形便　　　　九變九復 9번 변하고 9번 회복한다
　태극이 9궁에서 온통 다 변하고 있는 이치를 설명

십이제국　방금대세　오수부동　되었구나

十二諸國 온나라　方今大勢 지금세상의 되어가는 형편
五獸不動 닭 개 사자 호랑이 고양이가 한 곳에 모이면 서로 두렵고 꺼려서 움직이
지 못함.
　12지지의 오행이 순환하지 못하고 막혀있는 선천 말기의 안타까운 모양을
　상징

만국도성　여의질에　천산귀조　비비절이라

萬國都城 如蟻蛭 온나라 도시는 개미집이요
千山歸鳥 飛飛絶 천산에 돌아가는 새 날아감이 끊어졌다
　우주대변혁과 지축정립의 적막함과 처절함을 상징한다

천지운수　살펴보니　남방혜성　화운수를

天地運數　　　　　　　　南方彗星　　　火運數
　문왕팔괘상의 남방은 9리화니 불, 중녀(가운데 딸)를 상징. 선천의 마지막은
　불운수이니 이제 금운수로 바뀌게 된다(하추교역의 이치)

중녀리가　주장하니　만국여재　홍로로다

中女離　　　　主張　　　　萬國如在 紅爐 붉은 화로
　만국이 붉게 타는 화로 속에 있는 것 같다. 리괘의 불기운이 주장한다

무형한   이화재를 세상사람 뉘가알가
無形   火災 불의 재앙

서방금성 다녹이고 동방목성 거의살라
西方金星 서방의 금기운   東方木星 동방의 목기운
　뜨거운 불기운이 화극금으로 금기운을 녹이고, 목생화로 목기운을 거의
　태워 없애다. 이런 와중에 토기운이 중화에 나선다

온천하에 가득하니 혼몽천지 이아닌가
　　　　　　　　　　昏懜天地 온천지가 흐릿하고 가물거림
　선천의 화기운이 마지막 발동하니 오행의 예측할 수 없는 변화들이
　나타난다

무섭도다 무섭도다 벽력지화 무섭도다
　　　　　　　　　　霹靂之火 벼락의 불

천하만국 많은사람 자소자멸 한단말가
天下萬國   自消自滅 저절로 사라지고 멸망함

천운이   순환하사 무왕불복 되나니라
天運   循環   無往不復 가면 돌아온다
　화기운이 지나치므로 새로 금기운이 나온다. 여름이 다가면 가을이
　돌아온다

상제고거 무공터니 야수속아 귀거래라
上帝高居 높은 하늘에 계심 無功 헛수고하여 공이 없음
也羞俗娥 歸去來 불사약을 훔친 항아가 부끄러워 달로 피해 돌아가다

선천의 하날님이 일을 이루지 못해 후회하고 안타까워하는 모습이 항아가
부끄러워함과 같다

노학생자 포천하에 비거비래 천명받아

老鶴生子布天下 늙은 학이 새끼쳐 퍼뜨리니 飛去飛來 날아가고 오며
　후천에 늙은 스승이 천명받아 다시 제자를 기른다

궁궁을을 성도하에 여래세존 탄강일세

弓弓乙乙　　　成道下　　　如來世尊 다시 오신 세존불 誕降
　궁궁을을로 도를 이룬 땅에 미륵불로 오셔 후천을 구제한다

용담수류 사해원에 하청천년 하여있고

龍潭水流 四海源 용담의 물이 흘러 사해의 근원이 되고
河淸千年 천년에 한번 맑아진다는 황하물이 다시 맑아진다
　모든 물의 근원인 용담물이 흘러가서 흐린 황화물도 다시 맑아진다

구악춘회 일세화에 하락정경 길을찾아

龜岳春回 一世花 구악(구미산)에 봄이 돌아오니 온세상이 꽃이다
河洛正經 하도, 낙서에 이어 정경도가 나온다.
　수운교에는 정경 도놀이가 있는데, 이는 승경도놀이에 따라 만든 것이며,
　또 정역팔괘도를 상징한다

청명등하 수도인은 청림도사 분명하다

淸明燈下 청명한 등잔아래 修道人　靑林道師
　밝은 등하에서 수도하는 분이 바로 청림도사이다

장하도다 우리선생 소양운수 타고나서

壯　　　　　　　　　少陽 후천의 밝은 아침운수

동학(민족종교)의 지도자들은 후천 새아침의 운수로 출현했다

일육수　　　운용하니 천지개벽 되어온다
一六水　　　運用　　　天地開闢
　새봄에 새 물기운이 올라오듯이 수생목하기 위해 용담물인 1·6물기운을
쓴다

하도낙서 살펴보고 정경도를 이뤄내니
河圖洛書　　　　　　　正經圖 천지를 바꾼 정역팔괘도
　하도 낙서는 선천이고, 정경도 정역이 후천이다

건북곤남 정위로서 간동태서 되었구나
乾北坤南 定位 북쪽에 건, 남쪽에 곤으로 자리가 바뀌 정함
艮東兌西 동쪽에 간, 서쪽에 태로 바뀜.
　하늘과 땅을 지천태의 형상으로 바로 정하니 『정역(正易)』이요, 정경도요
후천팔괘다

태평성세 다시와서 국태민안 되지만은
太平聖世　　　　　　國泰民安
　하늘 땅을 다시 정해 새 후천운수가 돌아오니 국태민안이 되지만

기험하다 기험하다 세상운수 기험하다
崎險 기구하고 험하다　　　世上運數
　새 후천의 운수는 오지만은 변화가 이루어지기까지 험난하다

일세상　　　저인물이 부신입화 가련하다
一世上　　　人物　　　負薪入火 섶을 지고 불속에 뛰어듬
　후천의 바뀐 세상을 모르고 선천의 생각과 행동으로 날뛰는 것

미련한　　이인생아　흥야비야　노래지어
興也比也 다른 물건을 들어서 말고자하는 것을 비유로 드러내는 것

이리저리　깨와볼까　무가내하　할길없다
　　　　　　　　　　　無可奈何 몹시 고집부려 어찌할 수 없음

감석계고　하여보니　은감불원　소연하다
鑑昔稽古 옛일을 살펴봄　殷鑑不遠 거울삼아야할 교훈은 가까이 있다
　은나라가 앞시대의 하나라를 교훈삼는 것. 흥망의 이치가 멀리 있는 것이
　아니다

진나라　　녹도서는　망진자는　호야라고
秦　　　　　綠圖書　　亡秦者　　　胡也
　진나라 예언서에 진을 망하게 하는 것은 호(胡)라는 말을 믿고

미련한　　진시황이　화기소장　모르고서
　　　　　秦始皇　　　禍起簫墻 재앙은 담장안에서 일어난다

허축방호　만리장성　이세망국　가련하다
虛築防胡 萬里長城 헛되이 만리장성만 쌓다
二世亡國 아들 호해(胡亥)때에 나라가 망하다
　재앙은 밖의 오랑캐에 있는 것이 아니라 자기나라 내부에 있는 것이지만,
　그것을 아는 것은 망한 다음에야 깨닫는다는 말

이재송송　그때에는　인화유녀　살아하고
利在松松　　　　　　人禾有女 곧 倭(왜)　殺我 나를 죽임
　소나무가 이롭던 임진란에 나를 죽인 것은 왜적이고

이재가가 그때에는 우하횡산 살아했네

利在家家   雨下橫山 곧 雪(설)   殺我

　집안에 있는 것이 이롭던 정주란에 나를 죽인 것은 눈이었고

어화세상 사람들아 이왕사를 짐작할가

已往事 지나간 일

　지나간 일을 돌아보고 미래를 대비해야하지 않는가?

우리또한 이세상에 이재궁궁 하였다네

利在弓弓 이로움이 궁궁에 있음

　앞으로 오는 세상에 나를 이롭게 하는 것은 궁궁이다. 궁궁은 하늘과 땅의
합일된 마음을 상징한다. 천지, 음양, 인신 합일해야 살 수 있다. 그러면
나를 마지막에 죽이는 것은?

산산가일 소살이요 소두무족 대살이라

山山加日 곧 呐(불) 小殺 작게 죽이는 것　小頭無足　大殺 크게 죽임

　우리를 작게 죽이는 것은 불(火)이요, 크게 죽이는 것은 다리없는
귀(鬼)이다. 마음을 잘못 가지면 귀신이 내려와 죽인다. 새마음을 가지면
살고, 묵은 마음으로 살면 죽는다. 불은 눈에 보이는 재앙, 귀신은 눈에
보이지 않는 재앙을 상징. 또 소두무족은 눈, 태풍일수도 있다

미련한　　세상사람 이런이치 모르고서

　미련한 사람들은 마음을 쓸 줄 모른다. 이리저리 방황한다. 마음이 돈에
찢겨 상처받아 회복할 수 없다. 그래서 마음을 잘 먹어야한다. 잘먹으면
살고, 잘못먹으면 죽는다

황금만능 오해하고 물욕교폐 되었구나

黃金萬能 돈이 최고인 것으로 오해   物慾交蔽 물욕에 멍들어 마음을 가린다
　마음을 물질과 돈에만 쓰고, 정신을 개발하는 데는 쓰지 않고 있다.
　물질은 극에 달하면 사라지는 것을 모르고 돈에만 현혹되어 마음을 잃고
　있다.　후천에는 정신에서 영성(靈性)이 나와 물질과 정음정양(正陰正陽)이
　된다. 영성은 양중음이 되고, 물질은 음중양(陰中陽)이 된다

부신입화 하는사람 부사빈생 어찌하리

負薪入火 섶나무를 안고 불에 들어가는 것
富死貧生 부자는 죽고 가난한 자는 산다.
　부자는 돈에 너무 마음을 썼기 때문이요, 가난한자는 그 마음이 깨끗하기
　때문이다. 마음은 잔잔한 거울이니 때가 묻거나 깨지면 안 된다

시구무림 혈하궁신 자세보고 깨달으소

矢口 알 知(지)　茂林 무성한 수풀　穴下弓身 궁할 窮(궁)
　수풀 林(임)자를 알고, 혈(穴) 아래 궁할 궁(窮)을 깨달으라. 핵심은 나무
　목(木), 내 몸이 활 궁(弓)이다

도하지가 어디있나 깊이깊이 생각하소

道下地 사람 살리는 도가 있는 곳, 또는 道下止도에 대한 시비가 그쳐야 마지막 참
　된 도가 나타난다. 止는 멈추는 것이 아니라 완성, 도달의 뜻. 바른 마음이 곧 도

홍수도천 하는날에 어룡오호 가련하다

洪水滔天 큰 홍수로 뚝이 넘침　　魚龍嗚呼 어룡의 울음소리

녹실진정 가지말고 어변성룡 따라서라

鹿失秦庭 사슴을 진나라 뜰에서 잃다　魚變成龍 고기가 변해 용이 되는 조화
　진시황이 죽자 모든 사람들이 황제자리를 탐해 몰려들다. 이처럼
　벼슬싸움(逐鹿)에 뛰어들지 말고 수도해서 용이 되라는 뜻

벽력지화 내릴적에 반풍멸화 따라서라

霹靂之火 벼락 불　　　　　　反風滅火 반대로 바람을 불어 불을 끄다

　하늘에서 벼락불이 떨어져 죽게 될 적에 이 불을 끄는 사람을 따르면 살
　수 있다

악질만세 하올적에 불사약을 먹어보세

惡疾滿世 고치기 힘든 병 이 세상에 가득함　不死藥 죽지 않는 신선의 약

삼년흉년 걱정말고 무곡풍등 찾아서라

三年凶年 3년간 흉년　　　　　無穀豐登 곡식 없이 풍년이 됨

　흉년에 심지 않고 거두는 것은 자연의 물, 불, 나무, 공기 등

주출망량 작란할제 장생주를 외와서라

晝出魍魎 낮도깨비　　　　　長生呪 장생을 비는 주문의 하나

가련한　　세상사람 생활지계 어찌하리

　　　　　　　　　　　　生活之計 살 수 있는 계책

각자위심 하는말이 시시비비 분분하다

各自爲心 제각기 마음을 달리 먹음　是是非非　紛紛 어수선하다

　마음을 잘 먹어야한다. 참 마음은 참에 하나되는 마음[一心]이며, 갈라져
　싸우는 마음인 자심[自心]은 결국 자기를 해친다. 자심은 욕심과 번뇌로
　가득찬 마음이니 이것을 버려야 비로소 '자심도통'이 될 수 있다

허무하다 허무하다 세상사가 허무하다

虛無　　　　　　　　　　　世上事

만승천자 진시황이 무엇없어 죽었으며

萬乘天子 수레 1만채를 거느리는 천자 秦始皇 B.C.221년에 즉위
　진시황이 돈이 없어 죽었는가? 권력이 없어 죽었는가?

역발산　초패왕이 역부족하야　죽었을가

力拔山 힘은 산을 뺄만하다 楚覇王 항우 力不足 힘이 부족하다
　산을 빼어 던질 기력(氣力)을 가진 항우가 힘이 없어 죽었는가?

위일손의 인도주의 태평양에 풀어지고

韋日遜 윌슨 미국대통령 人道主義 太平洋
　1918년 1월 윌슨이 민족자결주의를 주장하였다

레닌의　공산주의 북풍한설 쓰러지고

　　　　共産主義　　北風寒雪 북풍의 찬 눈바람
　레닌은 1918년 10월 러시아혁명을 일으켰고, 수백 년 갈줄 알았던
공산주의가 결국 1991년에 종막을 고한다. 1929년에 예언한 것이 60여년
만에 그대로 적중하였다. 이때 한국에서는 3·1운동이 일어났다. 레닌의
공산주의가 망하듯이 일본이 망한다는 암시

저마다　지상천국 만세성에 무너지네

　　　　地上天國
萬世聲 종교마다 저 잘났다고 교만의 목소리를 높이면 결국 망한다.
　특정 종교를 지칭하기도 하지만 여기서는 모든 종교에 대한 경계의
　뜻으로 썼다

차천자의 공중누각 돌개바람에 날러가고

車天子 차경석　空中樓閣 허공에 지은 집 돌개: 회오리바람

1921년에 보천교를 세운 차경석이 차천자로 불렸으나 1936년에 죽었다

오사의   독한기운 봄바람에 쓰러진다
5·4   毒   氣運
1919년 봄에 일어난 중국의 5·4혁명도 1949년 모택동이 세운 중국
공산당에 의해 쓰러진다

우리같이 천한사람 화류춘풍 호시절에
          賤   花柳春風 꽃과버들 봄바람   好時節

우연히   보냈으니 황국단풍 시호로다
偶然   黃菊丹楓 누런 국화와 붉은 단풍
봄바람 부는 좋은 시절을 허송세월하다보니 어느덧 가을 단풍이 왔다

백설이   만건곤하니 청송녹죽 시호로다
白雪 흰눈   滿乾坤 천지를 덮으니 靑松綠竹 푸른 소나무와 대나무
눈덮힌 천지에 오직 소나무와 대나무만이 자기 푸름을 간직하고 있다.
우리에게 그런 푸르름이 있는가

재동춘설 녹아질제 동각한매 시호로다
在東春雪 동쪽에 쌓인 봄눈   東閣寒梅 동쪽집 겨울 매화
봄눈이 녹을 때인 3월에 매화꽃은 절정을 이룬다

춘말하초 돌아오니 화중왕은 목단이라
春末夏初 봄이 끝나고 여름이 시작 花中王 꽃 중에 왕
牧丹 목단은 5월에 꽃이 피며 화투에서 6월을 상징한다.
6월21일이 하지이다. 하지부터 후천 음(陰)이 시작되며, 곤도(坤道)의
시대로 접어든다

용담수　　깊은물에　은근히　　잠긴용을
龍潭水 후천의 새 물에는 하늘 용이 숨어있다　　　　　　龍

세상사람　뉘가알고　어변성룡　담유어라
魚變成龍 潭有魚 고기가 변해 용이 되었지만, 연못에는 고기만 보인다.
　하늘에 승천한 용을 아무도 보지 못했고, 올라간 용을 누구도 몰라 보기
　때문이다

물수탈승　하지만은　미리룡자　뉘가알고
勿水脫乘 물은 水,탈은 乘　　　　美利龍字 미르는 곧 龍
『동경대전』에 나오는 말로, 결국 수승룡(水乘龍)하는 분이 나온다.
　수운교에서는 수운이 용을 탔다는 수승룡의 이치에 따라 수운 선생을
‘수운천사출룡자’라고 명호한다. 수운교는 도호를 범 호(虎)자로 짓는다

문문범호　몰랐으니　인호수림　어찌알고
問門犯虎 문은 門, 범은 虎
人虎樹林 사람이 범이 되어 나무숲을 이루다. 결국 호림 즉 범의 숲이 된다.
　범은 수풀속에 살고, 수풀은 청림(靑林)을 이룬다. 청림은 동학의 스승이고,
　그 숲에는 많은 제자인 범사람(人虎)이 모여 있다

구이지시　현룡재전　리견대인　뉘가알가
九二之時　　　見龍在田　　　利見大人
『주역』 건괘 九二효에 ‘나타난 용이 밭에 있으니 대인을 봄이 이롭다’고
한 구절에서 나온 말이다. 九二의 때에는 하늘이 아닌 밭에 있는 대인을
본다

구오지시　당하여서　비룡재천　되게되면

九五之時　　　當　　　　　　飛龍在天

『건괘』九五효에 '나는 용이 하늘에 있다'하였으니 이때가 되면 대인이
하늘과 합덕한다. 하늘같은 대인이 세상을 구제한다

세상사람 다알리라 반룡부봉 우리군자

攀龍附鳳 임금을 좇아 공명을 세움

비룡이 하늘에 있는 것을 알면 용을 따르던 제자들은 더불어 공을 세운다

지상신선 될터이니 동좌한담 아니할가

地上神仙　　　同坐閒談 같이 앉아 한가로이 이야기하다

대인을 무시고 신선의 도담을 나눈다

패택에　　잠긴룡이 구름얻고 상천하면

沛澤 한고조 유방이 패택에서 일어나 제왕이 되다　上天

한고조 유방이 왕이 된 것은 정치적으로 비룡재천한 것과 같다

운행우시 조화중에 사해에다 비를줄제

雲行雨施 구름이 행하며 비를 베품　造化中　四海 온 세상에

대인의 조화가 무궁하다는 뜻

천하만물 초목군생 사중구생 될터이오

天下萬物　　　草木群生　　　死中求生 죽을 곳에서 살길을 구함

구천뢰공 벽력신장 벌악장군 호령할제

九天雷公 우레의 신　霹靂神將 벼락신장　伐惡將軍 악에 벌주는 장군

선악을 판별하기 위해 9천 하늘의 뇌공 벽력신장 벌악장군이 나서 악인과
악령을 징벌한다

불효불충 난신적자 탐재호색 악인소인

不孝不忠 효와 충을 하지 않는 자   亂臣賊子 난을 일으킨 신하와 불효자

貪財好色 재산을 탐하고 색을 좋아한 자   惡人小人 악한 자와 소인배

기인취물 하던놈과 상인해물 하는놈이

欺人取物 사람을 속여 재물을 취한 자   傷人害物 사람과 물건을 해치는 자

권리좋고 강타한들 천벌조차 면할소냐

權利   强   天罰

　세상의 권리를 크게 가졌던들 하늘의 벌조차 면하겠느냐

풍우같이 몰아가니 만년징역 면할소냐

風雨 비바람처럼 불어닥치니 피할 수 없다   萬年懲役

이런이치 모르고서 요두전목 한단말가

　　　　理致　　　　　　　　　撓頭轉目 머리를 흔들고 눈을 굴림

난법난도 하는사람 날 볼낯이 무엇이며

亂法亂道 천법과 천도를 어지럽히면 수승룡한 대인의 얼굴을 볼 수 없다

매관위노 하는놈들 날볼낯이 무엇인가

賣官爲奴 관직을 팔아 먹는자, 노(奴)는 나쁜 놈의 뜻

무섭도다 무섭도다 천주귀벌 무섭도다

　　　　　　　　天誅鬼伐 하날님과 귀신의 징벌

허허세상 사람들아 웃지말고 자세보소

세상만사 생긴법이 이리저리 교체하야
世上萬事   交遞 서로 갊마들고 섞임

귀에걸면 귀걸이요 코에걸면 코걸이라
耳懸鈴鼻懸鈴(이현령비현령) 제멋대로 해석하고 말하는 것

이리촌탁 저리촌탁 각각명운 분명하다
        忖度 남의 마음을 미루어 헤아림
各各命運 명과 운을 받는 것은 제각각이라는 뜻

그러나   그가운데 군자시중 아닐런가
                君子時中 군자는 때에 맞게 명과 운을 받는다

왕고사를 살펴봐서 미래사를 예비하며
往古事 지나간 옛일   未來事 다가오는 후천의 일

유일집중 하는 것이 시중지도 아닐런가
惟一執中 오직 하나로써 가운데를 잡음 時中之道 때에 맞게 행하는 도
  유일집중은 상고시대로부터 동학에 까지 전해온 도통전수의 심법

여름에   갈포짜며 겨울에   비단짜니
        葛布 칡으로 짠 베

어리석은 그소견에 당절이라 하겠지만
        所見   當節 꼭 알맞은 시절
 여름에 베옷짜고, 겨울에 겨울옷짜는 것은 당연하지만, 다가오는 미래의
 일을 준비할 줄 모르니 답답한 것이다

예비예산 모르오니 임갈굴정 아닐런가

豫備豫算 미리 갖추고 계산함　　臨渴掘井 목이 말라야 우물을 판다
준비없이 있다가 일이 터져야 허둥대는 것을 비판하고 있다

그러므로 세상일이 난형난측 아닐런가

　　　　　　難形難測 형상할 수 없고 헤아릴 수 없음

왕고내금 살펴보니 성쇠흥망 소연하다

往古來今 예로부터 지금까지
盛衰興亡 昭然 성하면 쇠하고 흥하면 망하는 이치가 밝다
　시대를 초월한 천도의 법칙이다

소소중천 밝은날도 일중즉측 될것이요

昭昭中天 중천에 밝고 밝은　　　日中則昃 해가 중천을 지나면 기운다

그믐초생 저반월도 십오야면 원만이라

　　　　　　半月　　　十五夜　　　圓滿

물극즉　　필복하고 기만즉　　필경하나니

物極則 必復 물이 극한 즉 반드시 원래대로 돌아오고
器滿則 必傾 그릇이 가득찬 즉 반드시 기운다

우리집안 무삼운수 그다지　　기험할가

그래도　　우리집은 반만년　　대방가라

　　　　　　半萬年
大方家 문장이나 학문이 뛰어난 집안을 일컬음

성쇠지리 못이겨서 이리저리 되었구나
盛衰之理 성하고 쇠하는 이치를 누가 이길 수 있는가?

허허세상 군자들아 웃지말고 비방말고
世上　　君子　　　　　　　　　　誹謗

자주가속 우리모양 봉속위로 우리처지
　　　家屬　　　　　　奉粟 봉록으로 받은 쌀

반이사지 하더라도 가소절장 아닐런가
反而思之 돌이켜 생각해도　　可笑絶腸 가히 창자가 끊어질듯 웃기는

치치우매 어린행동 유인탈취 하는놈이
痴痴愚昧 미련하고 우매　行動　誘引奪取 사람을 꾀어 재물을 빼앗음

괴악하고 가증하지 이런행동 웃지마라
怪惡 이상하고 흉악함　可憎 얄미움

허허세상 군자들아 우리라　　무삼팔자
　　　世上　　　　　　　　　　　　八字

흥진비래 되었으니 고진감래 아닐런가
興盡悲來 즐거움이 다하면 슬픈 일이 닥쳐온다
苦盡甘來 고생 끝에 즐거움이 온다.
　지금은 어렵지만 어찌 즐거움이 오지 않겠는가

믿지마오 믿지마오 강강지기 믿지마오
　　　　　　　　　　　剛强之氣 지나치게 강하고 굳센 기운

한탄마오 한탄마오 불우지시 한탄마오

恨歎 한숨지며 탄식함　　　　不遇之時 좋은 때를 만나지 못함

궁달은현 때가있어 부대자연 오나니라

窮達隱現 빈궁과 영달, 숨었다 나타남　不待自然 기다리지 않아도 자연히 온다

만자천홍 변화중에 도홍이백 부귀영화

萬紫千紅 울긋불긋 여러빛깔

桃紅李白 복숭아꽃 붉고 오얏꽃 흰색

십일홍을 자랑마오 세무십년 하나니라

十日紅 열흘 동안 붉은 꽃　　勢無十年 권세도 10년 가기 어렵다

엄동설한 설상풍에 송송백백 죽죽이요

嚴冬雪寒 눈 내리는 추위　雪上風 매서운 눈바람　松松栢栢 竹竹
　눈 내리는 매서운 추위와 눈보라에도 소나무 잣나무 대나무는 굳건함

송죽같은 군자절개 만세청풍 아닐런가

松竹　　　　君子節介　　萬世淸風 만세토록 시원한 바람

달팔궁팔 강태공은 위수강변 빗겨앉아

達八窮八 영달의 80년, 궁핍한 80년 姜太公　渭水江邊
　위수강변에서 낚시하던 강태공은 문왕만나기전 80년은 궁핍했고, 그후
　80년은 영달을 누렸다

갈삿가지 숙여쓰고 곧은낚시 던져놓고

갈삿갓: 갈대로 만든 삿갓　　곧은낚시: 바늘이 펴진 낚시

여상이라 변명하니 만복경륜 그 계책은

呂尙 變名 강상을 여상으로 성명을 바꿈 滿腹經綸 배속에 가득한 경륜

천지조화 품었으나 세상사람 뉘가알리

天地造化

　성현들의 숨은 경륜은 때가 되기 전에는 아무도 알지 못한다

제순같은 성천자도 역산에　　밭을갈고

帝舜 순임금　　聖天子 성덕을 겸비한 천자　歷山

　역산에서 밭을 갈던 농부인 순이 요임금으로부터 왕위를 물려받았다

이윤의　　경륜으로 신야에　　농부되고

伊尹　　　　經綸　　　　莘野 農夫 유신 들판에서 일하던 농부

　순임금이나 이윤같은 경륜가도 처음에는 그 뜻을 감춘 농부였다

만고명장 한신이도 수욕고하 하여있고

萬古名將 韓信 유방을 도운장군　　受辱股下 가랑이 밑으로 기어간 굴욕

칠종칠금 제갈량도 남양에　　밭을갈고

七縱七擒 일곱 번 잡고 일곱 번 놓아줌　南陽 유비가 세 번이나 찾아간 곳

대명천자 주원장도 걸량반수 되어있고

大明天子 朱元璋 1368년에 명나라 세움
乞糧班首 남의 광산구덩이에서 광석을 고르는 거랑꾼의 우두머리, 한때는 떠돌이
중을 하였다고 함

육출기계 진평이도 피석문병 하였다네

六出奇計 陳平 6가지 계책으로 6번 봉록이 올라간 진평
避席問病 진평은 명재상으로 유방이 죽은 후에는 병을 핑계로 조정에 나가지 않아
목숨을 보전함

만고대성 공부자도 진채욕을 당하였고

萬古大聖 孔夫子 공자의 존칭
陳菜辱 진나라, 채나라 대부들이 모의하여 공자를 들판에서 여러 날 포위하여 욕을
당하게 한 일.
　자로가 공자에게 군자도 이렇게 곤궁을 당할 수 있냐고 묻자, 공자는
"군자도 궁할 때가 있지만, 소인은 이를 참지 못한다"고 명답을 했다

나날때에 남도나고 남날때에 나도나서

기한도　　못면하고 고생도　　막심하다

飢寒 배고프고 추움　　免　　　苦生　　　　莫甚 아주 심함

처자는　　고사하고 부모공양 못하오며

妻子　　　姑捨 커녕　　父母供養

천하경륜 고사하고 수신제가 못하오니

天下經綸　　姑捨 커녕　　修身齊家
　천하를 경륜하기는커녕 자기 몸도 닦지 못하니 얼마나 부끄러운 일인가?

그아니　　가통하며 그아니　　수치런가

可痛 통탄할만한　　　　　羞恥 부끄러움

세상사람 빙글빙글 천대괄시 막심하다

賤待刮視 업신여기고 푸대접

아서라　　　우리팔자　그다지　　기험할까
　　　　　　　　　　八字　　　　　　　　崎險

천운이　　　순환하야　성쇠흥망　질대로다
天運　　　　　循環　　　盛衰興亡　　迭代 서로 갈마듦
　홍망과 성쇠는 가만있지 않고 서로 갈마들며 교체한다

부귀영화　저사람은　이전시절　빈천이요
富貴榮華　　　　　　　　　　時節　　貧賤
　지금 부귀영화를 누리는 사람은 과거에 가난했던 사람이요

지빈지천　우리군자　오난시절　영화로다
至貧至賤 아주 가난하고 천함 君子　　　時節　榮華
　지금 가난한 사람은 오는 미래에는 부귀영화를 받게 된다

어젯날　　　제왕장상　오늘날　　무주고혼
　　　　　帝王將相 제왕 장수 재상　　無主孤魂 자손없는 외로운 영혼
　어제까지 임금을 했던 사람도 오늘 잘못하면 무주고혼으로 전락한다

어젯날　　　농부걸인　오늘날　　만승천자
　　　　　農夫乞人　　　　　　　萬乘天子
　어제까지 밭에서 일하던 농부가 오늘 때를 만나 천자임금이 된다

믿지마오　믿지마오　강강지기　믿지마오
　　　　　　　　　　剛強之氣 억센 기운, 자기를 지나치게 믿는 마음

여산에　　　궂은비는　진시황의　눈물이요

驪山 진시황의 무덤이 있는 곳   秦始皇

분수추풍 슬픈바람 한무제의 한숨이라

汾水秋風 분수에 부는 가을바람   漢武帝 유철 황제

  한무제가 분수강을 지나다가 인생의 슬픈 추풍곡을 지어 부름

오강에   노한물결 초패왕의 설움이요

烏江   怒   楚覇王 항우

  유방에 패한 항우는 오강을 건너 피신하라는 말을 듣지 않고 패장으로

  고향에 돌아가는 것이 부끄럽다며 31세에 그곳에서 자결하다

막사과의 붓난불은 니코라스 원혼이라

莫斯科 모스크바   冤魂

  러시아의 마지막 황제 니콜라스2세는 1917년 2월 혁명으로 군주제가

  끝나자 감금당한 생활을 하다가 총살되었고, 시신이 불에 탔다

만고사적 살펴보니 불연기연 이러하다

萬古事蹟 오랜 일의 자취   不然其然 그렇지 않고, 그러하다

어화세상 군자들아 우리도   이세상에

        世上   君子

행악행패 하지말고 고인사적 본을받아

行惡行悖 악을 행하고 거스림을 행함 古人事蹟 옛사람 일의 자취

만고없는 좋은운수 어서어서 받아서라

萬古

  후천의 새롭고 좋은 운수를 어서 빨리 받으라

삼황오제 닦은길이 우주에   양양하다
三皇五帝   宇宙   洋洋 한없이 넓음

전만고   후만고에 외외탕탕 버텼으니
前萬古 앞으로 만년 後萬古 뒤로 만년 巍巍蕩蕩 높고 크고 넓음

만고없는 우리선생 천명을   이어내여
          先生   天命

통합삼도 하였으니 치천하지 대도로다
統合三道 유불선을 하나로 합일 治天下之大道 천하를 다스리는 대도

경천위지 대경대법 도지대원 이아닌가
經天緯地 천지를 다스림 大經大法 큰 원리와 법칙 道之大源 도의 근원
 유불선 삼합대도가 동학 대도의 근원이다

허허세상 군자들아 불우지시 한탄말고
                  不遇之時 때를 제대로만나지 못한

어서어서 일어나서 각수기국 성공하소
                  各守器局 각자 받은 그릇을 지킴

재질대로 뛰어보소 마음대로 놀아보소
才質

요순세계 다시와서 국태민안 될것이요
堯舜世界 요순같은 태평성대 國泰民安 나라가 태평하고 국민이 편안함

공성석불 다시나서 도성덕립 되나니라

孔聖釋佛 공자성인, 석가부처   道成德立 도를 이루고 덕을 세움
　공자가 재림하고, 석가가 재림하나, 두 분이 아니고 한 분이다

도인마다 성인이요 사람마다 군자로다

道人   聖人   君子

천하각국 제왕들은 임금마다 요순이요

天下各國   帝王   堯舜 요순같은 훌륭한 임금

만조백관 관리들은 사람마다 주소로다

滿朝百官 조정에 많은 관리
周召 어린 성왕을 보필한 주공(周公)과 소공(召公)같은 어진 신하

이렇다시 좋은세계 아니놀고 무엇하리

지상신선 될터이니 천당가서 무엇하리

至上神仙   天堂
　살아서 땅에서 신선이 되어야지 죽어서 천당 가면 아무 소용없다

남훈전   명월야에 명군현상 놀아있고

南薰殿 순임금 궁전 明月夜 달 밝은 밤 明君賢相 총명한 임금, 어진 재상

강구연월 격양가는 만백성에 태평가라

康衢煙月 큰길 은은한 달빛 擊壤歌 땅을 치며 노래함 萬百姓 太平歌
　요임금이 큰 길거리를 가보니 어느 노인이 배를 두드리고 땅을 치며
　태평을 노래했다는 일이 있다

만성당   명륜당은 도덕군자 설법처라

萬聖堂 수운교에서 장차 도덕군자의 위패를 모실 곳

明倫堂 성균관유생들이 공부하던 곳   說法處 설법하는 곳

운담풍경 태평춘에 앵가연무 놀아보세

雲淡風輕 구름 맑고 바람 살랑거리는(우리나라상징)

太平春 태평한 봄날   鶯歌燕舞 꾀꼬리의 노래와 제비의 춤

만화방창 붉은꽃에 봉가접무 놀아보세

萬花方暢 따뜻한 봄날에 만물이 나서 자람

蜂歌蝶舞 꿀벌이 노래하고 나비가 춤을 춤

이렇다시 좋은세계 부대자연 오지만은

                    不待自然 기다리지 않고 자연히 온다

그러나   세계형편 구마당로 아닐런가

          世界形便   九馬當路 아홉 말이 길에 들어섬

아홉의 말(영웅, 강대국, 큰 종교)이 서로 앞서 권세를 잡으려 다툼. 아홉 말이
달리는데 머리를 서로 내밀면 위험하다. 『주역』의 무수길이라는 말도
무수(無首)해야 길(吉)하다는 뜻이다. 결국 양은 새세상인 음을 만나야 한다

세계풍진 고해중에 무릉소식 뉘가알고

世界風塵 세상의 어지러움 苦海中 괴로운 세상   武陵消息 별천지가 오는 소식
후천개벽과 함께 지상에 신선세상이 찾아온다는 소식. 무릉도원은
동양인이 생각한 이상세계의 이름

무릉의   도화수가 사해에   흘러가서

武陵 호남성에 있는 이 마을의 어부가 복사꽃 흘러내리는 계곡을 따라 어느 동굴에 이르자 별유천지가 있었으나 다시는 그곳을 찾지 못함.
桃花水 복사꽃 흘러내리는 물이 사해에 까지 흘러감.
  선천은 무릉의 도화수(桃花水), 후천에는 경주의 용담수(龍潭水)

화개소식 전했건만 세상우매 모를너라

花開消息 복사꽃 핀다는 소식   世上愚妹 세상 사람의 어리석음

영침녹수 하였으니 어느뉘가 알았으며

影沈錄水 그림자가 푸른 물에 잠기다
  사람의 그림자가 물에 빠졌지만, 그 사람이 물에 빠진 것은 아니므로 옷은
  물에 젖지 않는다. 그림자가 빠진 것이지 그 사람이 물에 빠져 죽은 것이
  아님을 어느 누가 알겠느냐. 1864년 갑자참형의 신비성을 예시한 말

경대가인 하였지만 어느뉘가 대답할가

鏡對佳人 거울에 미인을 대하다
  거울속에 들어있는 그 사람은 아무 말을 하지 않는다. 거울속 사람에게
  죽었느냐고 물으면 아무대답을 아니할 것이니, 대답을 아니하는 것은
  죽어서 못하는 것이 아니라, 거울속에 든 그림자이기 때문에 물어도
  대답을 못하는 것이다

용담패택 잠긴룡이 구름얻어 승천하면

龍潭沛澤 용담은 수운의 득도지, 패택은 유방의 발상지
昇天 수운 선생과 유방을 승천하는 용에 비유하여 설명

상제님께 조화받어 사해에   비를줄제

上帝   造化   四海

대한칠년 주린간장 대우방   수천리에
大旱七年 7년가뭄   肝臟   大雨方 큰비 내리는 사방   數千里
 탕임금이 7년 가뭄을 겪자 사람을 희생제물로 올릴 수 없다며 자기의
 손톱 발톱 머리털을 잘라 기우제를 지내자 사방천리에 큰비가 내린
 조화가 일어남

주의목속 천복받아 만물생광 하지만은
          天福   萬物生光

무지한   세상사람 패천역리 하다가서
無知   世上   悖天逆理 천리를 거스림

자작지얼 빌데없어 천주귀벌 면할소냐
自作之孼 자기가 저지른 일로 생긴 재앙   天誅鬼伐 하늘과 귀신이 벌을 줌

금은보화 많다한들 돈을주고 명을살가
金銀寶貨   命
 자기가 저지른 죄로 인한 재앙을 돈을 주고 면하고, 새 명을 받거나 살
 수 있는 것이 아니다

권리권리 세도세도 천벌이야 어찌하리
權利權利   勢道勢道   天罰
 권리가 많고 세도가 커도 천벌은 면할 수 없다

가련할사 세상사람 돈만알고 사람몰라
可憐

도덕이　　도적되고 정사가　　장사로다

道德　　　　盜賊　　　　政事

　도덕을 외치는 사람이 도리어 도적이 되고, 정치하는 사람이 도리어
　장사꾼처럼 매관매직을 일삼는다. 도적은 결국 道의 賊

지금세상 종교단체 도덕지리 다버리고

至今世上　　　宗敎團體　　　道德之理

　거대한 종교단체마다 도덕을 다버리고 돈 장사를 하고 있다

안으로　　　불량하고 겉으로　　　꾸며내여

　　　　　　　不良

사기취재 일삼으니 천도적이 이아닌가

詐欺取財 남을 속여 재물을 갈취함　天盜賊 종교의 이름으로 하늘을 도적질 하는 것.
　천도적은 결국 天道의 賊이다. 거대 종교의 타락은 애국심(공공선)의
　쇠퇴에서 오고, 이는 종교 이기주의를 부추겨 인류를 멸망에 이르게 한다

천하각국 정치법률 교묘하게 꾸며놓고

天下各國　　　政治法律　　　巧妙 재치있고 약싹빠른

개명문화 자랑해도 부렴취재 일삼으니

開明文化　　　　　　　　賦斂取財 세금으로 재물을 거둠
　개명, 개화라는 이름으로 자랑해도 결국 재물을 걷는 것은 마찬가지

오패지　　　죄인이요 득죄선왕 아니런가

五覇之罪人 오패는 이전 삼왕의 죄인　得罪先王 이전 왕에게 죄를 짓는 것
　이전 선왕의 태평성대를 계승하지 못했으므로 그 이후의 오패왕들은

죄인이라는 말. 삼황오제(三皇五帝), 삼왕오패(三王五覇)의 비유

문명문명 신학문이 이름은　좋다만은
文明文明　　　　新學問 서양에서 온 학문

문명이라는 이름의 서양 신학문이 겉은 근사하나 내용은 별 것이 없다는
말

삼강오륜 다버리고 인의예지 몰랐으니
三綱五倫　　　　　　　仁義禮智

서양학문은 경쟁해서 남을 앞서가야 하므로 결국 동양의 전통학문과
반대로 간다. 동양학문은 인의예지가 목적이나 서양학문은 기술경쟁이
목적이기 때문이다

이십세기 청년학생 불량자　아닐런가
二十世紀　　　青年學生　　　不良者 행실이 나쁜 사람

전통학문을 멀리한 한국의 청년들이 외래사조에 물들어 불량자가 됨

문명이고 개명이고 문명지란 이아닌가
文明　　　　　開明　　　　文明之亂 문명의 대혼란

서양문명이 조용한 동양에 들어와 난리를 일으킨다. 미국의 헌팅톤은
1993년에 '문명의 충돌'을 말했다. 문명충돌의 핵심은 종교간의 이념
대결이다

내렸다네 내렸다네 천강오형 내렸다네
　　　　　　　　　　天降五刑 하늘이 내린 다섯 가지 형벌

부모에게 불효한 자, 백성을 살상한 자, 신명의 노여움을 산 자, 도덕을
어지럽힌 자, 조상신명에 해악을 진 자 등 5가지 죄를 범하면 하늘이
마지막으로 벌을 내린다. 이것이 수운교의 천강오형이다

무형한   그책벌을 세상사람 어찌알리

無形 눈에 보이지 않는 양심의 문제이므로 責罰 꾸짖어 벌을 줌
　단군과 부처의 목을 치고도 하늘의 영광이라고 외치는 자들에게 하늘은
　어찌할 것인가

시운시변 모르다가 장평갱졸 가련하다

時運時變 때의 운수, 때의 변화
長坪坑卒 장평전투시 포로 40만 명을 진나라에서 생매장한 일
　이렇게 때의 변화를 모르면 인류가 무더기로 죽을 수 있다는 경고이다.
　아이티의 지진참사에 20만 명이 희생되었다. 이러한 집단적인 죽음이
　장평갱졸이다. 후천으로 가는 길목에는 이런 장평갱졸같은 대형 참사가
　일어난다는 예시이다

허허세상 군자들아 정신을   다시차려

물욕지심 제거하고 상인해물 하지말고

物慾之心　　　　　除去　　　　　傷人害物 사람을 다치게하고 물건을 해침
　가장 위험한 것이 물욕에서 나온 탐진치이다. 탐내고 성내고 어리석은
　것을 삼독(三毒)이라고 한다

정심정기 하온후에 지성기천 천명받아

正心正氣 마음을 바르게, 기운을 바르게 至誠祈天 지극정성으로 하날님께 기도함
天命 새로운 천명을 받아야 후천에 들어가 바르게 살 수 있다

원형이정 밝은길을 당당정리 밝혀내여

元亨利貞 천도의 바른 네 가지 덕 堂堂正理 사리에 맞는 옳은 이치

고해에   빠진인생 저저이   건져주면

苦海 고통의 세상   人生   저저이: 낱낱이

그아니   광제이며 이아니   포덕인가

廣濟 널리 구제함   布德 하날님의 덕을 널리 폄

우리같이 천한인생 하여볼것 무엇인가

賤

누구나 정성껏 기도하면 하늘이 새 천명을 내려주니, 천명에 부귀빈천의
차이가 없다는 말. 동학은 상하 빈부귀천의 차이를 인정하지 않는다.
하날님을 각자마다 모시고 있으므로 만인이 평등한 것이다

사십평생 생각해도 이밖에   다시없다

四十平生

수운 선생이 도통한 때를 기준으로 말한 것. 1860년(경신)에 39세였다.
또는 37세라고도 한다

옥새보전 봉명하야 보국안민 하온후에

玉璽保全 임금의 도장을 지킴   奉命 하늘의 명을 받듦
輔國安民 나라를 돕고 국민을 편안히 함.
우리나라를 지키고 옥새를 지키라는 천명을 받았다는 말

생문사문 가려내여 광제창생 하여놓고

生門死門 사는 문과 죽는 문   廣濟蒼生 널리 국민을 건짐

무극대도 가르쳐서 포덕천하 자연된다

無極大道   布德天下   自然

새 진리인 무극대도에 의해서만이 천하를 하날님의 덕으로 펼 수 있다

오만년의 대사업은 이밖에   다시없다

五萬年   大事業 진리사업

후천 5만년을 이어갈 사업 중에 가장 큰 것이 진리사업이다

평생수명 천년운을 이러타시 타고나서

平生受命 千年運 평생에 고생하여 받은 천명은 천 년 만에 받은 운수

성덕가승 백세업을 이제야   성공했네

聖德家承 百世業 성덕은 최씨 집 백세의 업을 이었다

이는 최고운으로부터 최수운에 이르는 1천년 정통 도맥의 역사를 말한 것이다

상현부모 효자되고 명전천추 명현되어

上顯父母 孝子 위로는 부모를 드러내드리어 효자되고

名傳千秋 名賢 자기의 이름을 천추에 전하는 어진 사람되어

천세만세 영세어든 승피백운 제성가서

千歲萬歲 永世 영원토록 乘彼白雲 저 흰 구름 타고 帝城 하날님 계신 곳

삼십육천 도루돌아 천상락을 누려보세

三十六天 천상의 도솔천   天上樂 천상세계의 기쁨

도솔천에 다시 들어가서 천상에 사는 복락을 누려보세

무궁무궁 우리복록 십만년이 하루로다

無窮無窮   福祿   十萬年

후천에 도통하면 그 복록이 무궁하여 10만년도 하루밖에 안된다

천지개벽 몇몇했고 무궁화   한송이가
天地開闢   無窮花
  이곳에 이르러 비로소 무궁화 이야기가 나온다. 후천개벽 이후에 잘피는
  꽃이 무궁화이다

억만겁을 벗고벗어 오늘날에 만달화라
億萬劫 상상할 수 없는 수많은 세월
萬達花 천상에 핀다는 흰 연꽃인 만다라화(曼陀羅華), 우담화도 있다
  우리나라 꽃 무궁화가 억만 겁을 벗고 벗어 오늘에 천상꽃이 되다.
  무궁화가 세상 제일의 꽃이 된다. 한민족의 대도가 세상을 수놓는다는 비유

만년지상 꽃이피고 사해운중 달이돌아
萬年枝上 만년 묵은 가지 위에 꽃이 피어 천송이(花千朶)이고
四海雲中 사해의 구름속에 달이 한 거울이네(月一鑑)
  『동경대전』에 나오는 구절로 천송이는 도통군자를 상징하고, 달은
  무극대도가 온 세상을 비친다는 말

무궁한   이운수에 무궁무궁 살아보세
          運數   無窮無窮
  후천 5만년 이어갈 무궁한 운수를 무궁하게 사는 법은 어디에 있는가?
  재삼 명심할 일이다

무궁한   이이치를 무궁무궁 끝이노라 ☯
          理致
  이 무궁화 노래는 『용담유사』「흥비가」의 끝맺음과 같이 〈무궁〉으로
  끝을 맺는다

(수운교인 朴鍾珏)

주1) 삼황(三皇)과 오제(五帝) :

1) 태고시대와 상고시대 : 『십팔사략』에는 태초의 역사를 천황씨. 지황씨, 인
   황씨로 시작한다. 대개 태극이 처음 갈라져 음양이 비로소 나뉨으로부터
   오행이 서로 생김에 먼저 이기가 있는지라, 사람과 사물의 생김이 매우 많
   아졌다. 이에 성인이 먼저 출현하여 하늘의 뜻을 이어 극을 세우니, 천황씨
   (天皇氏)와 지황씨(地皇氏)와 인황씨(人皇氏)와 유소씨(有巢氏)와 수인씨(燧人氏)
   가 그들이다. 이 때가 태고(太古)시대이다.
   * 천황씨(天皇氏) : 중국 태고시대의 전설적 인물. 열 두개의 머리를 가졌는
     데, 12명의 형제가 각각 1만 8천세를 살았다고 한다.
   * 지황씨(地皇氏) : 중국 태고시대의 전설적 인물. 열 한개의 머리를 가졌는
     데, 11명의 형제가 각각 1만 8천세를 살았다고 한다.
   * 인황씨(人皇氏) : 중국 태고시대의 전설적 인물. 아홉 개의 머리를 가졌는
     데, 9명의 형제가 각각 아홉 고을을 다스리며 150대를 이어 4만 5천 6백
     년을 살았다고 한다.
   * 유소씨(有巢氏) : 중국 태고시대의 전설적 인물. 처음으로 사람에게 집을
     지어 거처하는 법을 가르쳤다고 한다.
   * 수인씨(燧人氏) : 중국 태고시대의 전설적 인물. 처음으로 불을 사용하여
     음식 만드는 법을 가르쳤다고 한다. 천황씨로부터 수인씨까지가 태고(太
     古)시대이다. 아래부터 상고(上古)시대라 한다.
   * 복희씨(伏羲氏) : 중국 상고시대의 전설적 인물. 팔괘를 처음으로 만들고,
     그물을 만들어 어렵의 방법을 가르쳤다고 한다. 새끼에 매듭을 지어 그
     모양과 수로 의사를 소통하던 방법. 복희씨를 蛇身人首(사신인수)라 한
     것은 동이족인 복희씨를 업신여기는 중국인의 사고에서 나온 것이다.
   * 신농씨(神農氏) : 중국 상고시대의 전설적 인물. 농업을 처음으로 가르치고
     의약을 처음 만들었다고 한다.
   * 황제씨(黃帝氏) : 중국 상고시대의 전설적 인물. 문자, 수레, 배 등을 만들
     고 도량형, 역법, 음악, 잠업 등의 제도를 정해서 문화생활을 처음 가르
     쳤다고 한다.

244 · 제3부 무궁노래

2) 오제 : 오제가 누구인가에 대하여는 사람마다 틀리는데, 소호(少昊), 전욱,
제곡, 제요(帝堯)와 제순(帝舜)이 일반적으로 말하는 오제(五帝)다.
* 소호(少昊) : 중국 전설상의 제왕. 황제(黃帝)의 아들로 태호(太昊) 복희씨의
법을 따랐으므로 소호씨라고 한다.
* 전욱 : 중국 전설상의 제왕. 황제의 손자로 소호씨를 보좌하고 제위에 올
랐다고 한다.
* 제곡 : 중국 전설상의 제왕. 황제의 증손으로 전욱을 보좌하고 제위에 올
랐다. 요(堯)의 할아버지라고도 한다. 신(辛)땅에 봉해져서 고신씨(高辛氏)
라고도 한다.
* 제요(帝堯) : 요임금. 또는 제요도당씨라고도 한다.
* 제순(帝舜) : 순임금. 또는 제순유우씨라고도 한다.

3) 삼왕시대 : 하(夏)나라의 우왕(禹王)과 상(商)나라의 탕왕(湯王)과 주(周)나라
의 문왕(文王)과 무왕(武王)이 삼왕(三王)이 되니 그 지난 햇수(歷年)가 혹은 4
백년이며 혹은 6백년이며 혹은 8백년이니 삼대(三代)의 융성함을 후세에는
미치는 때가 없었으며, 상나라의 이윤(伊尹) 부열(傅說)과 주나라의 주공(周公)
소공(召公)이 모두 어진 신하(賢臣)였다.
주공이 예법을 만들고 음악을 만드시니, 전장(典章)과 법도(法度)가 찬연히
모두 갖추어졌는데, (주나라가) 쇠잔하자 오패(五覇)가 제후(諸侯)를 이끌고 왕
실을 바로 잡으니 제환공(齊桓公)과 진문공(晉文公)과 송양공(宋襄公)과 진목공
(秦穆公)과 초장왕(楚莊王)이 그들이다.

4) 공자 : 공자는 하늘이 내신 성인(聖人)으로, 수레를 타고 천하를 주유(周遊)했지
만, 도(道)를 천하에 행할 수 없어서 『시경(詩經)』과 『서경(書經)』을 정리하고
예(禮)와 악(樂)을 정하고 『주역(周易)』을 해석하고 『춘추(春秋)』를 지었다.

주2) 소부허유 :

중국 고대 요(堯)임금 시절 은사(隱士) 소부(巢父)와 허유(許由)의 기산영수(箕山穎

水)의 고사(故事)는 다음과 같다.

중국 하남성(河南省) 등봉현(登封縣) 동남쪽에 있는 기산(箕山)은 요임금 때의 고
사(高士) 소부(巢父)와 허유(許由)가 은둔했던 산이다.

허유(許由)는 본시 중국의 패택(沛澤)이라는 곳에서 살고 있던 어진 은자(隱者)였
다. 그는 바르지 않은 자리에는 앉지도 않았고, 당치도 않은 음식은 입에 대
지도 않았으며, 오로지 의(義)를 지키고 살았다. 이러한 소문을 들은 요(堯)임
금은 천하를 그에게 물려주고자 찾아갔다. 이 제의를 받은 허유는 거절하며
말하였다.

"이렇게 훌륭한 천하를 잘 다스리신 요임금을 어찌하여 저같은 자가 이를 대
신하여 자리에 오를 수가 있겠습니까? 더욱이 저같이 볼품없는 인간이 어찌
광대한 천하를 맡아 다스릴 수가 있겠습니까?"

그리고는 말없이 기산(箕山) 밑을 흐르는 영수(穎水) 근처로 가버렸다.

요임금이 다시 뒤를 따라가서 그렇다면 구주(九州 : 중국 전토)라도 맡아 달라고
청하자 허유(許由)는 노여운 마음마저 들어 이를 거절하고 속으로 '구질구질한
말을 들은 내 귀가 더러워졌을 것이다'라고 생각하며 아무 말 없이 자기의 귀
를 흐르는 영수(穎水) 물에 씻었다.

이럴 때 소부(巢父)라는 사람이 조그만 망아지 한 마리를 앞세우고 어슬렁어슬
렁 걸어오며 그 광경을 보고 허유(許由)에게 물었다.

"왜 갑작스레 강물에 귀를 씻으시오?"

"요임금이 찾아와 나더러 천하나 구주(九州)라도 맡아 달라고 하기에 행여나
귀가 더러워지지 않았을까 하고 씻는 중이요."

이 말을 듣자 소부(巢父)는 "하, 하, 하!" 하며 목소리를 높여 크게 웃는 것이었다.

"여보, 소부(巢父)님 왜 그리 웃으시오?" 하고 허유가 민망스레 묻자 소부는 답
하였다.

"평소의 허유(許由)님은 어진 사람이지만 숨어 산다고 하는 소문을 퍼뜨렸으니
그런 산뜻하지 못한 말을 듣고 낭패를 당하게 된 것이오. 숨어 사는 은자(隱
者)라는 것은 애당초부터 은자라고 하는 이름조차 밖에 알려지게 하여서는 아

니 되는 법이오. 안 그렇소? 한데 그대는 여지껏 은자라는 이름을 은근히 퍼뜨려 명성을 얻은 것이오."

그러고 나서 소부는 망아지를 몰고 다시 영수(穎水)를 거슬러 오라 가더니 망아지에게 물을 먹이며 말하였다.

"그대의 귀를 씻은 구정물을 내 망아지에게 먹일 수 없어 이렇게 위로 올라와 먹이는 것이오."

뒤에 허유가 죽자 요임금은 기산(箕山) 위에 묻고 그의 무덤을 기산공신(箕山公神)이라 하였다. 이 두 고사(高士)가 보여 준 절개와 지조를 이른바 기산지절(箕山之節) 또는 기산지조(箕山之操)라 하였다.

주3) 기자 팔조금법 :

8조 금법, 고조선의 8개 조항으로 된 법률. 범금팔조(犯禁八條)라고도 한다.
8조 중 3개조의 내용만이 『한서(漢書)』「지리지(地理志)」 연조(燕條)에 전하며 그 내용은 다음과 같다.
① 살인자는 즉시 사형에 처한다(相殺, 以當時償殺).
② 남의 신체를 상해한 자는 곡물로써 보상한다(相傷, 以穀償).
③ 남의 물건을 도둑질한 자는 소유주의 집에 잡혀들어가 노예가 됨이 원칙이나, 자속(自贖:배상)하려는 자는 50만 전을 내놓아야 한다(相盜, 男沒入爲其家奴, 女子爲婢, 欲自贖者人五十萬).

주4) 만국도성 :

휴정(休靜:서산대사)의 시에 니온다.
萬國都城如蟻垤(만국도성여의질)
세상의 도시는 개미집이요
千家豪傑若醯鷄(천가호걸약혜계)
나라의 영웅호걸은 초파리 같은 것

一窓明月淸虛枕(일창명월청허침)

창밖의 밝은 달 맑고 욕심 없는 잠자리

無限松風韻不齊(무한송풍운부제)

다함이 없는 솔바람 소리도 다 다르네

주5) 천산귀조 :

당나라 유종원의 시에 나오는 말이다.

千山鳥飛絶(천산조비절) 萬徑人踪滅(만경인종멸)

千(천)과 萬(만)은 아주 많음을 나타낸다. 鳥(조)는 새, 飛(비)는 날다, 絶(절)은 끊어지다의 뜻이다. 鳥飛絶(조비절)은 새가 나는 것이 사라졌음을 가리킨다. 그 다음 徑(경)은 작은 길이나 지름길을 뜻한다. 踪(종)은 발자국이나 흔적, 자취의 뜻이다. 滅(멸)은 끊어지다 또는 사라지다의 뜻이다. 人踪滅(인종멸)은 사람의 자취가 사라졌음을 가리킨다. 이때에 새가 날지 않고 사람의 자취가 사라진 것이 눈 때문이라는 것이다. 원문은 '江雪(강설)'. 수운천사는 이를 보고 "萬里白雪紛紛兮(만리백설분분혜) 千山歸鳥飛飛絶(천사귀조비비절)"이라 노래했다. (동경대전, 화결시) 이는 우주대변혁기에 깜짝 빙하가 급습하여 사람은 고사하고 새조차 날수 없는, 온 지구가 적막강산이 되는 것[飛飛絶]을 상징한 말이다. 지축정립이 오기 전에 빙하[白雪]가 먼저 찾아온다는 뜻이다.

주6) 만국홍로 :

중국 시인 왕곡(王穀)이 쓴 '「고열행(苦熱行)」'의 한 대목이다.

祝融南來鞭火龍(축융남래편화룡)

축융이 남쪽에서 와 불의 용을 채찍질하니

火旗焰焰燒天紅(화기염염소천홍)

불의 깃발 활활 하늘을 붉게 태우는구나

日輪當午凝不去(일륜당오응불거)

태양의 수레는 정오의 시간을 맞아 떠나려 하지 않고

萬國如在紅爐中(만국여재홍로중)

온 세상 나라들은 붉게 타는 화로 속에 있는 것 같구나

주7) 분수추풍 :

한무제(漢武帝)의 「추풍사병서(秋風辭並序)」에 나오는 노래이다.

秋風起兮白雲飛(추풍기혜백운비)

가을바람이 일어나서 흰 구름이 날고

草木黃落兮雁歸南(초목황락혜안귀남)

초목의 잎새는 누렇게 떨어지고 기러기 남쪽으로 돌아가네

蘭有秀兮菊有芳(난유수혜국유방)

난초에는 빼어남이 있고 국화에는 꽃다운 향기가 있어

懷佳人兮不能忘(회가인혜불능망)

아름다운 사람을 생각하여 능히 잊지 못하네

汎樓船兮濟汾河(범루선혜제분하)

다락이 있는 배를 띄워놓고 분하(汾河)를 건너니

橫中流兮揚素波(횡중류혜양소파)

중류에서 가로놓여 흰 물결 일어나네

簫鼓鳴兮發棹歌(소고명혜발도가)

저와 북을 울리고서 뱃노래를 부르니

歡樂極兮哀情多(환락극혜애정다)

기쁨과 즐거움은 지극하여 슬픈 정이 많고

少壯幾時兮奈老何(소장기시혜나노하)

어리고 젊음은 잠깐이니 이내 늙음을 어찌하리오

주8) 운담풍경 :

정호(程顥)의 「어느 봄날 우연히 짓다[春日偶成]」이다.

雲淡風輕近午天(운담풍경근오천)

구름 맑고 바람 살랑거리는 어느 한 낮에

訪花隨柳過前川(방화수류과전천)

꽃 찾아 버들 따라 앞 냇물 건너간다

傍人不識余心樂(방인불식여심락)

옆 사람들 내 마음 속 즐거움은 알지 못하고

將謂偸閒學少年(장위투한학소년)

한가한 틈을 타서 공부나 하는 소년 같다 말하리라

주9) 삼분천하 :

『논어』「태백」에 나오는 말이다.

三分天下(삼분천하)에 有其二(유기이)하사 以服事殷(이복사은)하시니

문왕은 천하를 셋으로 나눠 그 둘을 소유하시고도 복종해 은나라를 섬겼으니

周之德(주지덕)은 其可謂至德也已矣(기가위지덕야이의)로다.

주나라 덕은 가히 지극한 덕이라고 이를 만하다.

주10) 대한칠년 :

탕임금의 고사이다. 은나라 탕임금 때에 7년간이나 가뭄이 들어 태사에게 점을 치니 사람을 희생시켜 기우제를 지내야 한다 하니 기우제를 지내는 것은 백성을 위함인데 백성을 죽일테면 내 몸으로 지내라고 '손톱 발톱 머리털도 자르고 뽕나무 밑에서 흰 띠풀로 몸을 싸고 기우제를 지내니 사방 수천 리에 큰 비가 왔다고 한다. 「심청가」의 한 구절에도 이 말이 나온다. "전조단발(剪爪斷髮) 신영백 모(身瓔白茅), 상림(上林)뜰에 빌었더니, 대우방(大雨方) 수천리(數千里)나, 풍년(豊年)이 들었단다. 내 몸으로 대신(代身) 가리라. 돈도 싫고 쌀도 싫고, 눈뜨기도 내사 싫다"

주11) 오패지지 죄인 :

『맹자』「고자장구」(下) 제7장에 나온다.

曰五覇者(왈오패자)는 三土之罪人也(삼왕지죄인야)ㅣ오

맹자 가라사대 오패는 삼왕의 죄인이오,

今之諸侯(금지제후)는 五覇之罪人也(오패지죄인야)ㅣ오

지금의 제후는 오패의 죄인이오,

今之大夫(금지대부)는 今之諸侯之罪人也(금지제후지죄인야)ㅣ니라

지금의 대부는 이제의 제후의 죄인이니라.

주12) 천강오형 :

『효경』에 실린 오형의 내용이다.

五刑之屬三千(오형지속삼천)而罪莫大於不孝(이죄막대어불효)

다섯 가지 형벌에 속하는 것이 삼천이나 되지만, 그 죄가 불효보다 더 큰 것
은 없다.

要君者無上(요구자무상)

임금에게 강요하는 자는 윗사람을 업신여기는 자이며

非聖人者無法(비성인자무법)

성인을 비난하는 자는 법을 업신여기는 자이며

非孝者無親(비효자무친)

효를 비방하는 자는 부모를 업신여기는 자이니

此大亂之道也(차대란지도야)

이것이 큰 혼란의 도이다

한편 수운교「훈법대전」에 실린 다섯 가지 죄목(요약)은 다음과 같다.

1. 부모에게 불효하여 천륜을 거스른 자식

2. 백성을 무고하게 살상한 정치인

3. 사람을 죄에 빠지게 하여 신명의 노여움을 산 자

4. 도덕을 어지럽히고 혹세무민하는 지도자

5. 조상신명과 성현에게 해악을 짓는 자

주13) 효의 시종 :

『효경』에 실린 효의 내용이다.

身體髮膚 受之父母(신체발부 수지부모)

몸과 머리털과 살갗은 부모에게서 이를 받았으니

不敢毀傷 孝之始也(불감훼손 효지시야)

감히 훼손하거나 상하지 않는 것이 효도의 시작이요

立身行道 揚名於後世(입신행도 양명어후세)

몸을 바로 세워 도를 행하여 후세에 이름을 드날려

以顯父母 孝之終也(이현부모 효지종야)

부모님을 드러내 드리는 것이 효도의 마침이다

주14) 천계일성 :

홍양호(洪良浩;1724-1802)의 시 「天鷄」의 구절이다.

天鷄一聲(천계일성)　天下鷄鳴(천하계명)

하늘 닭이 한번 큰 소리내니 세상 닭이 따라 우네

海色蒼蒼(해색창창)　日出之光(일출지광)

바다의 물빛 짙푸르고　해 돋는 광경 찬란하고

八表同明(팔표동명)　自我東方(자아동방)

온 세상이 동시에 밝아지는데　그 빛 우리 동방에서 시작되네

我獨先赫(아독선혁)　地近扶桑(지근부상)

동방이 먼저 밝아지는 것은 땅이 해 뜨는 부상에 가까워서라네

주15) 야수속아 :

『동경대전』「영소」에 나오는 말이다.

也羞俗娥飜覆態(야수속아번복태)

부끄럽구나. 세속여인(항아)이 번복하는 모양같지만,

一生高明廣寒殿(일생고명광한전)

한번 높고 밝은 광한전에 나겠노라.

(또는 당시 서학(야소)에 속아 이리저리 번복하는 세상의 세태가 싫어 새롭게 동방의 상제를

모실 광한전을 짓겠다는 암시)

주16) 용담수류 :

『동경대전』「절구」에 나오는 말이다.

河淸鳳鳴孰能知(하청봉명숙능지)

황하수 맑아지고 봉황이 우는 것을 누가 능히 알리요.

運自何方吾不知(운자하방오부지)

운수가 어느 곳으로부터 오는지를 내 알지 못하노라

平生受命千年運(평생수명천년운)

평생에 받은 천명은 천년 운수요

聖德家承百世業(성덕가승백세업)

성덕은 우리 집에 백세의 업을 이었도다

龍潭水流四海源(용담수류사해원)

용담의 물이 흘러 네 바다의 근원이 되고,

龜岳春回一世花(구악춘회일세화)

구악(구미)산에 봄이 오니 온 세상이 꽃이로다.

주17) 화기소장 :

『논어』 나오는 말. 공자는 염구와 자로가 부당한 일을 막지 못하는 것을 꾸짖으며, "내가 보기에 계씨의 근심은 전유에 있는 것이 아니라, 그의 담장 안에 있는 것 같다"라고 말하였다. 여기서 유래하여 화기소장(禍起蕭墻)은 재앙이 내부에서부터 일어나는 것을 비유하는 고사성어로 사용되며, 내란이나 내분을 비유하는

말로 사용되기도 한다. 화기소장이 사용된 예로는 당(唐)나라 때 호증(胡曾)이 지은 시 가운데 "재앙이 담장 안에서 일어나는 줄도 모르고, 오랑캐를 막는다고 헛되이 만리장성을 쌓았네(不知禍起蕭墻內, 虛築防胡萬里城)"라는 구절 등이 있다.

주18) 녹실진정 :

『사기』 「회음후열전」에 실려 있는 한고조와 괴통의 대화내용이다.

"秦失其鹿(진실기록) 天下共逐之(천하지공축지)" 진나라가 무너지면서 천하는 혼란에 빠졌고 각지에서 영웅들이 들고일어났다. 말하자면 진나라가 사슴(황제의 지위를 뜻함)을 잃어버리니 천하가 이를 쫓은(逐鹿) 것이다. 괴통은 도척의 개가 요임금을 보고 짖었다고 해서 요임금이 나쁜 건 아니라는 이유로 설명하여 유방은 결국 괴통을 용서해 주었다.

주19) 이재궁궁 :

이를 비결의 변천으로 풀이하면

시대 구분	活我者 (살리는 것)	殺我者 (죽이는 것)	해 설
임진 왜란	利在松松(松)	人禾有女(倭)	임진란 때는 명나라 李如松의 지원, 松자가 붙은 지명에는 왜적이 들어오지 못했음
정주 난리	利在家家(家)	雨下橫山(雪)	눈이 많이 와서 집에 있던 사람은 살고, 밖에 나간 사람은 얼어 죽다
일제 6·25	利在田田(田)	小頭無足(黨)	일제시대에 밭갈던 농부는 살고, 무리에 가담(친일)하여 출세한 자들은 6·25때 죽다

			궁궁은 하늘 땅이 하나 된 마음이니, 나를 죽이는 자는 하나는 하늘에서 내려오는 불(火), 눈(雪) 또는 내 스스로 마음을 잘못 쓰면 귀신이 나를 잡아가 심판한다
미래사	利在弓弓(心)	山山加日(晰불) 小頭無足(鬼)	

주20) 정감록의 비결 :

1) 임진왜란

살아자수(殺我者誰) 여인대화(女人戴禾) 인부지(人不知)

활아자수(活我者誰) 십팔가공(十八加公)

해석: 임진왜란 때는 계집(女) 사람(人)이 벼(禾)를 인 것이니, 그것이 사람인 줄을 모른다(人不知) 하였으니, 이는 왜(倭)자를 파자(破字)한 것으로 왜인이 나를 죽이는 것이다. 그리고 이 나라에 도움을 주는 자는 명나라 장군 이여송(李如松)을 말하고 있다. 왜적은 '소나무 송(松)'자 가진 사람을 조심하라고 했고, 소나무 송자가 들어간 지명은 피해갔다고 한다.

2) 병자호란

살아자수(殺我者誰) 우하횡산(雨下橫山) 천부지(天不知)

활아자수(活我者誰) 부토(浮土) 온토(溫土) 종토(從土)

해석: 두번째의 병자호란 때는 청태종이 10만 대군을 거느리고 엄동설한에 쳐들어왔는데, 이 때 미리 산으로 피난 가서 숨어 있다가 얼어 죽을 것을 말한 것이다. 우하횡산이란 비우(雨)자 아래 뫼산(山)자를 가로하면 눈 설(雪)자이다. 눈은 하늘에서 내리는 것이므로 천부지라 했다. 그리고 나를 살리는 것은 떠 있는 흙(浮土)이 따뜻한 흙(溫土)이니 그 흙을 따르라(從土) 했는데, 이는 참으로 어렵고 고상한 말이나 온돌방의 구들을 말한 것이다. 방안에 가만히 있으면 산다는 말이다.

3) 미래사

살아자수(殺我者誰) 소두무족(小頭無足) 신부지(神不知)

활아자수(活我者誰) 사답칠두락(寺畓七斗洛) 부금(浮金) 냉금(冷金) 종금(從金) 엄택

곡부(奄宅曲阜) 삼인일석(三人一夕) 이재전전(利在田田) 도하지(道下止)

해석: 이것을 후천의 마지막 심판으로 보면 안 된다. 인간을 모두 죽이는 것은 작은 머리에 다리가 없는 소두무족(小頭無足)인데, 이것이 바로 불, 눈, 우박 또는 하늘의 신명(怨鬼)과 관계있으나 사람들이 이를 모른다(神不知)고 하였다. 그러면 나를 살려주는 것은 무엇인가?

사답칠두락(寺畓七斗洛)이다. 즉, 절의 논 칠두락이라 하였으니 이는 미륵불상과 관련된 말이다. 부금, 냉금, 종금의 뜻은 후천(金)에 서 계신 분(浮金)으로 부처님 불상(冷金)이니 그분을 잘 믿으라(從金)는 뜻이다. 그분의 도량은 곡부의 집(奄宅曲阜)이며, 그곳에서 잘 닦으라(三人一夕:修)고 했다. 이재전전(利在田田)은 진리가 매듭지어지는 구원의 도는 사람의 밭(田)에 있으니, 그 도에 들어가 완성하라(道下止)는 말이다. 그칠 지(止)는 중간에 멈추는 것이 아니라, 마지막에 도달해 완성한다는 의미가 들어있다.

부록 : 우주변화의 원리도

1. 하도와 복희팔괘도

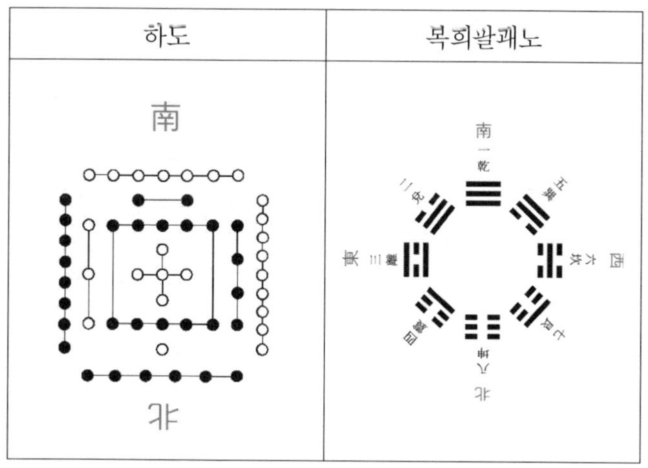

* 방위는 언제나 위쪽이 남쪽, 아래가 북쪽, 왼쪽이 동쪽, 오른쪽이 서
  쪽이다. 이는 지도의 방위와 반대이다. 역학에서는 상단의 가장 밝은
  곳을 남쪽으로 삼는다. 복희팔괘는 건남(乾南) 곤북(坤北)의 형상이다.
* 본래 하도와 낙서는 옛 천동설의 이치에 따라 토(土)를 중앙에 배열하
  였다. 그러나 지동설의 이치에 따라 중앙에 변동이 온다.

2. 낙서와 문왕팔괘도

낙서 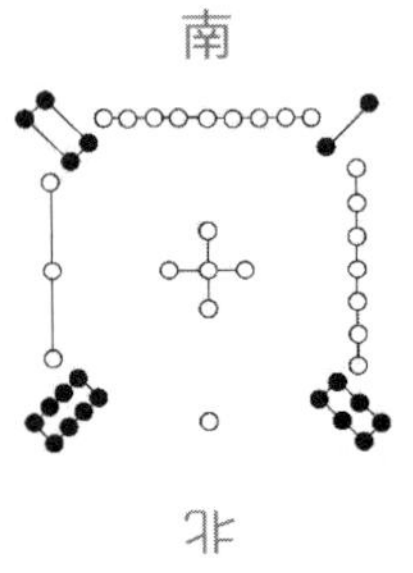	문왕팔괘도 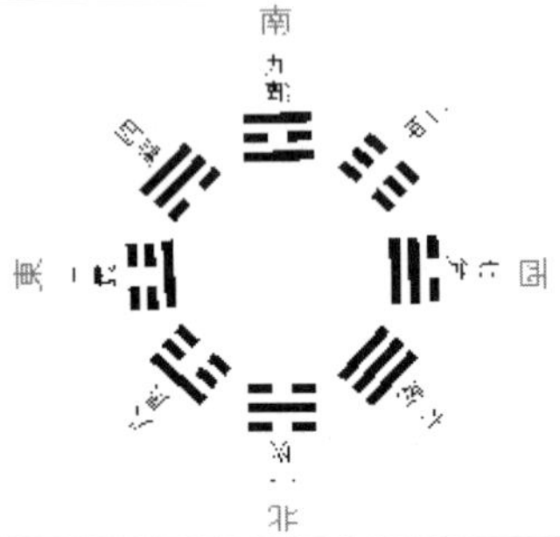

3. 청황부와 정역팔괘도

청황부 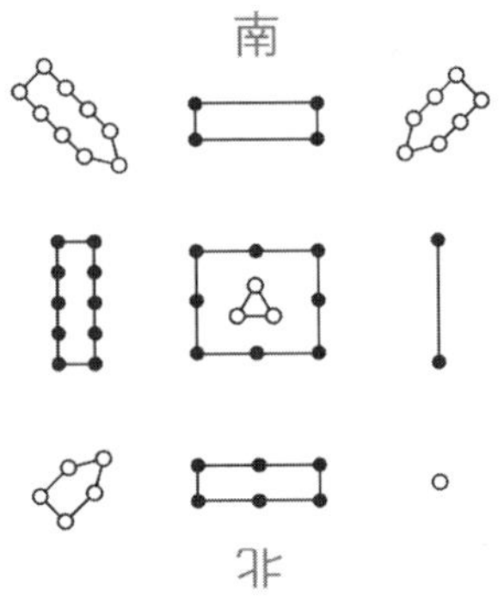	정역팔괘도 

* 청황부는 3·8木이 중앙에 들어가고, 정역팔괘도는 곤남(坤南) 건북
(乾北), 간동(艮東) 태서(兌西)의 형상이다.

4. 음양과 선후천

* 一陽始生(일양시생): 冬至(동지): 6개월간 양이 지배(낮이 점점 길어짐)

* 一陰始生(일음시생): 夏至(하지): 6개월간 음이 지배(밤이 점점 길어짐)

구분	양						음					
음력	11	12	1	2	3	4	5	6	7	8	9	10
선후천	선천						후천					

5. 五行(오행)의 기본성격(만물의 기본구성도)

오행(질)	수(水)	화(火)	목(木)	금(金)	토(土)
본성	아래로 불려간다	위로 타오른다	굽고 곧게간다	따르며 바꾼다	심고 거둔다
주성	응고성	분산성	분출성	堅斂性	중화성
오미	짠맛	쓴맛	신맛	매운맛	단맛
색깔	黑(흑)	赤(적)	靑(청)	白(백)	黃(황)
신체	신장	심장	간	폐	비장(위)
방위	북방수	남방화	동방목	서방금	중앙토

6. 오행의 계절적 변화

오행(기운)	木	火	土	金	水
계절	봄(春)	여름(夏)	늦여름(季夏)	가을(秋)	겨울(冬)
기후	따뜻하다	뜨겁다	습하다	서늘하다	춥다
생성 작용	생긴다 (生)	자란다 (長)	토하다	거둔다 (收;成)	감춘다 (藏)
농사	落種期	開花期	피뽑기	收穫期 結實期	貯藏期
방위	동(東)	남(南)	중(中)	서(西)	북(北)
사덕	원(元)	형(亨)	상(常)	이(利)	정(貞)
오상	인(仁)	예(禮)	신(信)	의(義)	지(智)
동물	청룡 (靑龍)	주작 (朱雀)		백호 (白虎)	현무 (玄武)
선후천	선천(先天)		중천(中天)	후천(後天)	

* 이는 원형이정에 의한 계절분류임

* 계절상 木 火는 봄여름의 陽 / 金 水는 가을겨울의 陰

* 어른의 나이를 春秋라 한다. 春은 양을 대표하고, 秋는 음을 대표하므로 음양이 합일한 1년을 상징한다.

7. 10수의 선천 생수, 후천 성수

1	2	3	4	5	6	7	8	9	10
天	地	天	地	天	地	天	地	天	地
선천(先天)-생수(生數)					후천(後天)-성수(成數)				

* 선천-抑陰尊陽(억음존양)　三天兩地(삼천양지)

　후천 초-調陽律陰(조양율음)　三地三天(삼지삼천)

　후천 말-尊陰抑陽(존음억양)　三地兩天(삼지양천)

* 선천은 陽의 시대이므로 陽이 체가 되나 그 用은 陰이 되고(陽體陰用)

* 후천은 음의 시대이므로 음체양용(陰體陽用)이 된다.

* 남자는 9수요, 여자는 10수. 남자는 9竅(규), 여자는 10竅(규)

8. 10천간의 음양 오행

水(수)		火(화)		木(목)		金(금)		土(토)	
1	6	2	7	3	8	4	9	5	10
양수	음수	음화	양화	양목	음목	음금	양금	양토	음토
壬(임)	癸(계)	丁(정)	丙(병)	甲(갑)	乙(을)	辛(신)	庚(경)	戊(무)	己(기)
生	成	生	成	生	成	生	成	生	成

* 수, 목, 토는 陽生陰成. 화, 금은 陰生陽成

* 오행을 오성(五星)으로 보면, 토성은 하늘의 토성이 아니라 지구를 상

징한 것.

* 후천은 음주관(陰主管) 시대이므로 음〉양이 된다.

9. 12지지의 月과 음양 오행

子 (자)	丑 (축)	寅 (인)	卯 (묘)	辰 (진)	巳 (사)	午 (오)	未 (미)	申 (신)	酉 (유)	戌 (술)	亥 (해)
쥐	소	범	토끼	용	뱀	말	양	잔나비	닭	개	돼지
양수	음토	양목	음목	양토	음화	양화	음토	양금	음금	양토	음수
11월	12월	정월	2월	3월	4월	5월	6월	7월	8월	9월	10월

* 亥子라는 水(우주만물의 본처)로 부터 寅卯라는 木이 탄생하는 중간에
  丑土가 조화와 매개를 하고, 寅卯를 巳午라는 火(분열성장)로 넘겨주
  면서 조절하는 작용을 辰土가 담당하고, 巳午가 무한분열을 하는 것
  을 방지하고 열매를 맺고 다시 근본으로 돌아가는 역할을 하는 申
  酉라는 金(만물의 성장을 정지시키고 수렴작용담당)으로 넘겨주는 조절작
  용을 未土가 담당하고, 申酉(만물의 수렴작용을 통일)에서 다시 마지막
  亥子로 넘어가는 중간에 戌土가 조절 작용. 이 중에 火를 金으로 넘
  겨주는 未土(10)의 역할이 가중 중요하다.

10. 12지지의 24시간

子	丑	寅	卯	辰	巳	午	未	申	酉	戌	亥
23 ~ 01	01 ~ 03	03 ~ 05	05 ~ 07	07 ~ 09	09 ~ 11	11 ~ 13	13 ~ 15	15 ~ 17	17 ~ 19	19 ~ 21	21 ~ 23

11. 하도 낙서 청황부 비교 요약

하도	낙서	청황부
10수	9수	10수
음양의 조화 5 = 5	양의 과다(10토부족) 5 〉4	음양의 균형 5 : 5
25+30=55	25+20=45	25+30=55
상생질서	상극질서	상균질서
未分(미분)의 원리	분열의 원리	통합의 원리
5·10토 중심	5토 중심	8·3목 중심
1·6 2·7 3·8 4·9 음양 四正方	1 3 7 9 양 사정방	2 4 6 10 음 사정방

* 청황부를 8·3木이라 한 것은 乙은 8이고, 甲은 3인데, 후천금(庚辛) 시대에 금극목(金克木)에도 불구하고 을경(乙庚)합일을 이루기 위해서다. 을경(乙庚)합금(合金)은 금목(金木)합덕(合德)을 의미한다.

12. 태극(太極)에서 팔괘가 나오는 이치

8	7	6	5	4	3	2	1	괘순
坤 (곤)	艮 (간)	坎 (감)	巽 (손)	震 (진)	離 (리)	兌 (태)	乾 (건)	괘명
☷	☶	☵	☴	☳	☲	☱	☰	팔괘
태음		소양		소음		태양		사상
음				양				양의
태 극								태극

* 太極은 음양 미분(未分)의 상태, 중화적(中和的) 관계

* 三變成道(삼변성도)

13. 팔괘 분류도

괘상	☰	☱	☲	☳	☴	☵	☶	☷
괘명	건(乾)	태(兌)	리(離)	진(震)	손(巽)	감(坎)	간(艮)	곤(坤)
외우기	1건천	2태택	3리화	4진뢰	5손풍	6감수	7간산	8곤지
괘형	건 삼련	태 상절	리 허중	진 하련	손 하절	감 중련	간 상련	곤 삼절
괘의	하늘	연못	불	우레	바람	물	산	땅
가족	부	소녀	중녀	장남	장녀	중남	소남	모
신체	머리	입	눈	발	넓적 다리	귀	손	배
방위	서북	서쪽	남쪽	동쪽	동남	북쪽	동북	서남
동물	말	양	꿩	용	닭	돼지	개	소

14. 지축정립도(축미선)

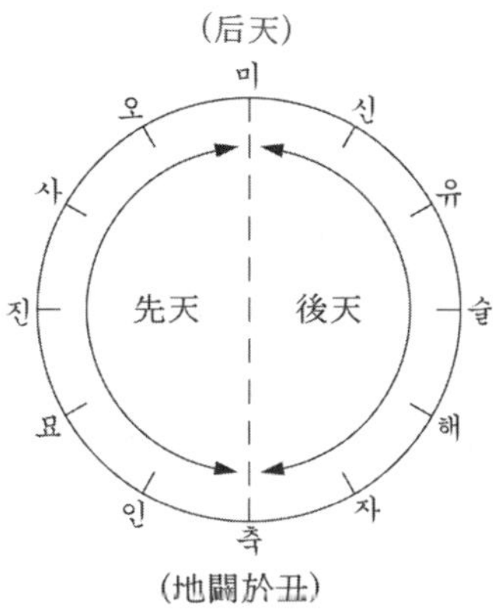

* 음 : 양 = 6 : 6 = 정음정양
  지축이 정립되어야 음양관계가 균형
  을 이룬다.

15. 창힐의 신지글자

* 천부경과 관련이 있다.

16. 천부경

天符經八十一字

一始無始一析三極無盡本
天一一地一二人一三一積十鉅无匱化三
天二三地二三人二三大三合六生七八九運三四成環
五七一妙衍萬往萬來用變不動本
本心本太陽昂明人中天地一
一終無終一

이 시대에 『천부경〉 81자는 무슨 의미를 갖는가? 『천부경』은 한민족 고유의 우주관인 동시에 1·6수(水)의 원리를 담고 있다. 후천으로 넘어가는 대변혁기, 특히 대홍수가 발생할 때 인류를 살리는 구원의 노래이며, 초종교적 말씀이다.

天符經
천부경
Cheon bu gyeong

一始無始一 析三極 無盡本
일시무시일 석삼극 무진본
Il-si-moo-si-il seok-sam-geuk moo-jin-bon

天一一 地一二 人一三,
천일일 지일이 인일삼
Cheon-il-il ji-il-i in-il-sam

一積十鉅 無匱化三
일적십거 무궤화삼
Il-jeok-sip-geo moo-gwe-hwa-sam

天二三 地二三 人二三
천이삼 지이삼 인이삼
Cheon-i-sam ji-i-sam in-i-sam

大三合六 生七八九
대삼합륙 생칠팔구
Dae-sam-hap-ryuk saeng-chil-pal-gu

運三四 成環五七
운삼사 성환오칠
Un-sam-sa seong-hwan-o-chil

一妙衍 萬往萬來
일묘연 만왕만래
Il-myo-yeon man-wang-man-rae

用變不動本
용변부동본
Yong-byeon-bu-dong-bon

本心本太陽昂明
본심본태양앙명
Bon-sim-bon-tae-yang-ang-myeong

人中天地一
인중천지일
In-jung-cheon-ji-il

一終無終一
일종무종일
Il-jong-moo-jong-il

17. 동학에서 말한 지축정립(地軸正立)의 근거 :

남진원만북하회 대도여천탈겁회 (『동경대전』「우음」)
만리백설분분혜 천산귀조비비절
동산욕등명명혜 서봉하사차차로 (『동경대전』「화결시」)

천지진동(天地震動)하여 연속부절(連續不絶)
진동하니 혼몽천지(昏懜天地) 이아닌가
혼몽천지 그가운데 믿을 신(信)자 그뿐이라
선후천 개벽시에 천일생수 그이치로
사자환생(死者還生) 될양이면 만사여의 아닐런가 (수운교「명운경」)

만국도성 여의질에 천산귀조 비비절이라 (수운교「무궁화」)
만리강산 풍설비라 남북천지간에 삼사팔인소라
금명석전(金鳴石轉)에 천지진동(天地振動)하고 (수운교「동도전서」)

* 그동안 동학은 지축정립을 말하지 않은 것으로 알려졌으나, 필자가 이에 관
한 구절을 처음으로 찾아 정리하였다.